BKC 강해 주석 21
누가복음

The Bible Knowledge Commentary

BKC 강해주석 21

누가복음

지은이 | 존 마틴   옮긴이 | 이명준
개정2판 1쇄 발행 | 2011. 11. 28.

등록번호 | 제3-203호
등록된 곳 | 서울특별시 용산구 서빙고동 95번지
발행처 | 사단법인 두란노서원
영업부 | 2078-3333 FAX 080-749-3705
출판부 | 2078-3477

▌책 값은 뒤표지에 있습니다.
ISBN 978-89-531-1681-8 03230

▌독자의 의견을 기다립니다.
tpress@duranno.com   http://www.Duranno.com

▌이 책의 성경 본문은 개역개정판을 사용했습니다.

두란노서원은 바울 사도가 3차 전도여행 때 에베소에서 성령 받은 제자들을 따로 세워 하나님의 말씀으로 양육하던 장소입니다. 사도행전 19장 8~20절의 정신에 따라 첫째 목회자를 돕는 사역과 평신도를 훈련시키는 사역, 둘째 세계선교(TIM)와 문서선교(단행본·잡지) 사역, 셋째 예수문화 및 경배와 찬양 사역, 그리고 가정·상담 사역 등을 감당하고 있습니다. 1980년 12월 22일에 창립된 두란노서원은 주님 오실 때까지 이 사역들을 계속할 것입니다.

BKC 강해 주석 21

누가복음

존 마틴 지음 | 이명준 옮김

두란노

CONTENTS

Ἐπειδήπερ πολλοὶ ἐπεχείρησαν ἀνατάξασθαι διήγησιν περὶ τῶν πεπληροφορημένων ἐν ἡμῖν πραγμάτων, καθὼς παρέδοσαν ἡμῖν οἱ ἀπ᾽ ἀρχῆς αὐτόπται καὶ ὑπηρέται γενόμενοι τοῦ λόγου, ἔδοξε κἀμοὶ παρηκολουθηκότι ἄνωθεν πᾶσιν ἀκριβῶς καθεξῆς σοι γράψαι, κράτιστε Θεόφιλε, ἵνα ἐπιγνῷς περὶ ὧν κατηχήθης λόγων τὴν ἀσφάλειαν. Ἐγένετο ἐν ταῖς ἡμέραις Ἡρῴδου βασιλέως τῆς Ἰουδαίας ἱερεύς τις ὀνόματι Ζαχαρίας ἐξ ἐφημερίας Ἀβιά, καὶ γυνὴ αὐτῷ ἐκ τῶν θυγατέρων Ἀαρὼν καὶ τὸ ὄνομα αὐτῆς Ἐλισάβετα ἦσαν δὲ δίκαιοι ἀμφότεροι ἐναντίον τοῦ θεοῦ, πορευόμενοι ἐν πάσαις ταῖς ἐντολαῖς καὶ δικαιώμασιν τοῦ κυρίου ἄμεμπτοι. καὶ οὐκ ἦν αὐτοῖς τέκνον, καθότι ἦν ἡ Ἐλισάβετ στεῖρα, καὶ ἀμφότεροι προβεβηκότες ἐν ταῖς ἡμέραις αὐτῶν ἦσαν. Ἐγένετο δὲ ἐν τῷ ἱερατεύειν αὐτὸν ἐν τῇ τάξει τῆς ἐφημερίας αὐτοῦ ἔναντι τοῦ θεοῦ, κατὰ τὸ ἔθος τῆς ἱερατείας ἔλαχε τοῦ θυμιᾶσαι εἰσελθὼν εἰς τὸν ναὸν τοῦ κυρίου, καὶ πᾶν τὸ πλῆθος ἦν τοῦ λαοῦ προσευχόμενον ἔξω τῇ ὥρᾳ τοῦ θυμιάματος.

The Bible Knowledge Commentary 21

Luke

서론

The Bible Knowledge
Commentary

서론

저자

누가에 의해서 쓰인 두 책(누가복음과 사도행전)은 헬라어로 된 신약성경의 약 28%를 차지한다. 누가는 둘 중 어느 책에도 이름이 언급되어 있지 않다. 신약에서 그의 이름이 나타나 있는 유일한 곳은 골로새서 4장 14절, 디모데후서 4장 11절, 그리고 빌레몬서 24절이다. 누가는 또한 사도행전의 '우리' 부분(16:10~17; 20:5~21:18; 27:1~28:16) 중에서 그 자신을 직접 언급하였다.

바울이 누가를 유대인들과 구별한 것으로 보아(골 4:10~14) 누가는 틀림없이 이방인이었을 것이다. 바울은 그의 동료 사역자들 중에서 아리스다고, 마가, 그리고 요한만이 유대인이었다고 기록하였다. 그러므로 다른 이들(에바브라, 누가 그리고 데마)은 아마도 이방인들이었을 것이다. 바울은 누가를 의사로 언급하였는데(골 4:14), 그 사실을 누가복음과 사도행전의 구절들 가운데에서 여러 번 확증시키려 했다. 근대에 이르러서 교회의 전통은 일률적으로 누가를 누가복음과 사도행전의 저자라고 주장하였다. 전승에 의하면 누가가 안디옥에서 왔다고 하지만, 이 주장을 입증하는 것은 불가능하다.

자료

누가는 자신을 역사가로 소개했다(1:1~4). 그는 몇가지 분명한 이유들 때문에 그의 자료들을 주의깊게 연구하였다. 그는 정보를 얻기 위하여 목격자들과 이야기를 나누었다(1:2). 예수님의 어린 시절 이야기들은 어머니인 마리아에게서 직접 들은 확실한 자료들이었을 것이다(참조, 2:51). 누가는 또한 헤롯 왕의 궁정과도 접촉을 가졌던 것 같다(3:1, 19; 8:3; 9:7~9; 13:31; 23:7~12). 누가가 그의 복음서를 쓰면서 사용했던 자료들의 출처에 대한 학자들의 견해는 일치하지 않는다.

그는 자신만의 문체를 사용했다. 또한 자신의 의도를 반영하면서 통일성 있는 글을 만들기 위해 여러 출처의 자료들을 배열하는 등의 작업을 했을 것이다. 물론 이 모든 일들은 성령의 감동하심으로 이루어졌다.

시기와 장소

누가복음의 저술 시기에 관해서는 여러 의견이 제기되었다. 만약에 사도행전이 네로의 박해(AD 64년) 이전에 쓰인 것이라고 한다면, 바울을 살아서 감옥에 갇혀 있는 상태로 소개하고 글을 맺는다는 사실에서 그

시기가 추정된다. 누가복음은 AD 64년보다 몇 년 전에 기록된 것이 분명하다. 왜냐하면 사도행전은 누가복음에 이어진 것이기 때문이다. 저술 시기를 확정해서 말하기는 어렵지만 AD 58년과 60년 사이로 보는 것이 가장 적절하다. 누가는 복음서를 썼던 장소에 대해서 실마리를 주지 않았다. 그러므로 기록 장소에 대한 어떠한 언급도 추측에 불과하다. 어떤 사람은 누가가 가이사랴나 로마에서 썼다고 시사한다.

목적

누가는 두 가지 목적을 가지고 이 책을 썼다. 하나는 데오빌로의 믿음을 견고하게 하기 위함이다. 그리스도에 대한 누가의 믿음이 확실한 역사적인 사실 위에 놓여 있다는 것을 보여 주는 데 있었다(1:3~4). 또 다른 목적은 예수님을 인자(The Son of Man)로 소개하는 것이다. 이스라엘은 인자를 거부했고, 이러한 거부 때문에 예수님께서는 이방인에게도 설교하셔서 그들도 하나님 나라의 계획을 알고 구원을 얻을 수 있게 하셨다.

본 서의 이방적인 성격

다음의 여러 증거들을 통하여, 누가가 우선적으로 이방인들을 위해 이 복음서를 썼다는 사실이 드러난다.

첫째로, 누가는 자주 유대적인 현장들을 설명하였다(4:31; 8:26; 21:37; 23:51; 24:13). 만약에 그가 유대인들에게 썼다면 이러한 설명은 필요하지 않았을 것이다.

둘째로, 그는 예수님의 족보(3:23~38)를 아담에게까지 거슬러 올라가며 추적하였다(마태복음에서는 아브라함에서부터 시작한다). 이것은 누가가 예수님의 족보를 유대 민족의 조상인 아브라함보다는 전 인류의 조상인 아담으로부터 출발했음을 보여 준다.

셋째로, 누가는 예수님의 탄생의 시기(2:1)와 세례 요한의 전도(3:1)의 시기를 가리키면서 로마 황제들을 언급하였다.

넷째로, 누가는 마태복음에서 발견되는 유대 용어보다는 이방인 독자들에게 더 친숙할 만한 단어들을 많이 사용하였다. 한 예로 누가는 '선생'에 해당하는 랍비(rabbi)보다도 헬라어인 디다스칼로스($\delta\iota\delta\acute{\alpha}\sigma\chi\alpha\lambda o\varsigma$)를 사용하였다.

다섯째로, 구약성경을 인용할 때 누가는 70인역을 사용하였다. 그러나 구약성경을 인용한 많은 구절들이 있지만 그것을 직접 인용한 경우는 거의 없다. 구약성경을 인용한 구절들은 다음과 같다: 2:23~24; 3:4~6; 4:4, 8, 10~12, 18~19; 7:27; 10:27; 18:20; 19:46; 20:17, 28, 37, 42~43; 22:37. 7장 27절을 제외한 이 모든 구절들은 70인역에 기초한 것이다. 7장 27절은 헬라어인 70인역이나 히브리어의 맛소라 본문이 아닌 다른 본문에서 인용한 것 같다.

여섯째로, 예수님에 대한 예언의 성취에 관해서는 유대인 독자들의 경우처럼 이방인 독자들에게는 그 주제가 그렇게 중요하지 않기 때문에 거의 언급되어 있지 않다. 누가는 예언의 성취에 대해 단지 다섯 개의 직접적인 참고 구절들만 언급하고 있으며, 한 구절(3:4) 외에는 이스라엘에 대한 예수님의 가르침에서 발견된다.

마태와 마가와의 친분 관계

누가는 공관복음 저자들 중의 한 사람으로서 마태와 마가와 함께 공통되는 많은 자료를 가지고 있었다. 그러나 누가는 자신만의 특성이 담긴 독립적인 자료를 사용하였다(9:51~19:27). 그는 또한 요한과 예수님의 탄생 이야기, 그리고 12세 때의 예수님의 기록 등 독특한 자료를 보여 준다 (1:5~2:52). 누가는 마태복음과 마가복음에 공통으로 들어 있는 자료들과 마태복음에만 있는 자료들, 그리고 마가복음에만 있는 자료들을 모두 사용한 것 같다. 이야기의 연속성이나 소개된 이야기들의 차이들은 여러 저자의 의도에 근거하여 설명될 수 있다. 그 기사들은 역사적인 것이지만, 저자들 각 개인의 목적은 신학적인 것이다.

복음서의 특징

1. 누가는 다른 복음서 저자들보다도 복음의 우주적 메시지를 더 강조하였다. 그는 자주 죄인들, 가난한 자, 유대 사회로부터 추방된 자들에 관하여 기록했다. 또한 메시아의 복을 함께 나누는 이방인들을 여러 번 언급하였다. 사마리아인들이 메시아를 믿는 모습을 소개했으며 여인들과 어린이들과 그들의 믿음에 대해서 자주 언급하였다.

2. 누가의 복음은 다른 복음서들보다 그 시대의 역사를 더 쉽게 파악할 수 있게 해 준다. 그는 마태, 마가 또는 요한이 기록했던 것보다 지상에서의 예수님의 생활에 관한 더 많은 사실들을 제시하였다.

3. 누가는 죄 사함을 강조하였다(3:3; 5:18~26; 6:37; 7:36~50; 11:4; 12:10; 17:3~4; 23:34; 24:47).

4. 누가는 기도를 강조하였다. 예수님은 그분의 사역 가운데 여러 곳에서 기도하셨다(3:21; 5:16; 6:12; 9:18, 29; 22:32, 40~41).

5. 누가는 개인이 회개하게 될 때, 그 장소를 일일이 기록하였다. 그는 예수님을 따랐던 각 개인에게 일어나야만 할 행위를 강조하였다. 그 예로는 사가랴, 엘리사벳, 마리아, 시므온, 안나, 마르다, 마리아, 시몬, 레위, 백부장, 나인의 과부, 삭개오 그리고 아리마대 요셉 등이 있다.

6. 누가는 신약성경의 다른 저자들보다 더 자주 돈과 물질에 관해 말하였다. 재물을 예수님보다 더 높이며 스스로 만족하는 부자는 구원에 이를 수 없음을 강조했다(그렇다고 해서 가난한 자가 항상 의인이라고 말하는 것은 아니다).

7. 누가는 믿음과 구원에 따르는 기쁨에 대해 자주 언급했다(1:14; 8:13; 10:17; 13:17; 15:5, 9, 32; 19:6, 37).

The Bible Knowledge
Commentary

개요

V. 예루살렘을 향한 예수님의 여행(9:51~19:27)

   A. 예루살렘을 향한 여행 도중에서의 사람들의 거부(9:51~11:54)
   B. 예수님이 제자들에게
      거부에 대한 관점을 가르치심(12:1~19:27)

VI. 예루살렘에서의 예수님의 사역(19:28~21:38)

   A. 예수님이 메시아로서 예루살렘에 입성하심(19:28~44)
   B. 성전 안에서의 예수님(19:45~21:38)

VII. 예수님의 죽음과 장사 그리고 부활(22~24장)

   A. 예수님의 죽음과 장사(22~23장)
   B. 예수님의 부활과 나타나심(24장)

Ἐπειδήπερ πολλοὶ ἐπεχείρησαν ἀνατάξασθαι διήγησιν περὶ τῶν πεπληροφορημένων ἐν ἡμῖν πραγμάτων, καθὼς παρέδοσαν ἡμῖν οἱ ἀπ' ἀρχῆς αὐτόπται καὶ ὑπηρέται γενόμενοι τοῦ λόγου, ἔδοξε κἀμοὶ παρηκολουθηκότι ἄνωθεν πᾶσιν ἀκριβῶς καθεξῆς σοι γράψαι, κράτιστε Θεόφιλε, ἵνα ἐπιγνῷς περὶ ὧν κατηχήθης λόγων τὴν ἀσφάλειαν. Ἐγένετο ἐν ταῖς ἡμέραις Ἡρῴδου βασιλέως τῆς Ἰουδαίας ἱερεύς τις ὀνόματι Ζαχαρίας ἐξ ἐφημερίας Ἀβιά, καὶ γυνὴ αὐτῷ ἐκ τῶν θυγατέρων Ἀαρὼν καὶ τὸ ὄνομα αὐτῆς Ἐλισάβετα ἦσαν δὲ δίκαιοι ἀμφότεροι ἐναντίον τοῦ θεοῦ, πορευόμενοι ἐν πάσαις ταῖς ἐντολαῖς καὶ δικαιώμασιν τοῦ κυρίου ἄμεμπτοι. καὶ οὐκ ἦν αὐτοῖς τέκνον, καθότι ἦν ἡ Ἐλισάβετ στεῖρα, καὶ ἀμφότεροι προβεβηκότες ἐν ταῖς ἡμέραις αὐτῶν ἦσαν. Ἐγένετο δὲ ἐν τῷ ἱερατεύειν αὐτὸν ἐν τῇ τάξει τῆς ἐφημερίας αὐτοῦ ἔναντι τοῦ θεοῦ, κατὰ τὸ ἔθος τῆς ἱερατείας ἔλαχε τοῦ θυμιᾶσαι εἰσελθὼν εἰς τὸν ναὸν τοῦ κυρίου, καὶ πᾶν τὸ πλῆθος ἦν τοῦ λαοῦ προσευχόμενον ἔξω τῇ ὥρᾳ τοῦ θυμιάματος.

The Bible Knowledge
Commentary 21

Luke

주해

The Bible Knowledge
Commentary

주해

Ⅰ. 서언과 복음의 목적(1:1~4)

1:1~4 사복음서의 저자 중에서 오직 누가만이 책의 저술 목적과 방법을 책머리에 서술하였다. 그는 예수님의 생애와 복음의 메시지를 다룬 다른 기록들에 대해서도 잘 알고 있었다(1절). 누가는 그리스도의 생애에 있었던 사건들을 데오빌로 각하에게 차례대로 써 보내어 그가 "알고 있는 바를 더 확실하게 하려고" 이 글을 썼다(3절. 참조, 1절).

누가는 조심스럽게 그 자신을 신자들과 동일시하였다(1절). 어떤 사람은 우리 중에 이루어진 사실이라는 표현 때문에, 누가가 예수님께서 전도 여행으로 파송했던 70인(10:1~24) 가운데 한 사람일 것이라고 주장한다. 그러나 이러한 '일들'(이야기들과 가르침들)이 예수님의 증인들에 의해서 구두로 전해 내려왔다는 진술을 보면, 앞의 주장은 틀린 것이다. 그는 목격자가 아니라 조사자라고 부언하였다. 그는 철저하고 정확하게 조사했다. 그리고 모든 것을 처음부터, 즉 그리스도의 생애를 처음부터 조사하였다.

'데오빌로'('하나님을 사랑하는 사람'이라는 뜻)는 그 당시(1세기)에 흔

한 이름이었다. 이 사람이 누구인가는 짐작으로 알 수 있을 뿐이다. '하나님을 사랑하는 이들'(그의 복음을 읽는 독자들) 모두를 통칭하여 누가가 이 이름을 사용하였다는 견해도 있으나, 그보다는 누가의 복음을 맨 처음으로 받아 그것을 초대 교회에 널리 알렸던 실제 인물로 보는 것이 더 좋겠다. 또 '각하'라는 특별한 명칭으로 불린 점으로 보아 그는 분명 공직에 몸담고 있는 관료였을 것이다(참조, 행 23:26; 24:3; 26:25. 똑같은 헬라어 크라티스테[χράτιστε]를 사용).

II. 세례 요한과 예수님의 탄생과 성장(1:5~2:52)

A. 탄생에 대한 예고(1:5~56)

누가는 이 구절에서 요한의 출생과 성장을 예수님의 탄생과 성장과 비교하는 형태로 자료를 배열하였다. 부모가 소개되었고(5~7절과 26~27절), 한 천사가 나타났고(8~23절과 28~30절), 징조가 주어졌으며(18~20절과 34~38절), 자식이 없었던 한 여인이 잉태하게 된 점(24~25절과 42절)이 모두 같다.

1. 요한의 출생의 예고(1:5~25)

a. 요한의 부모(1:5~7)

1:5~7 요한의 부모는 사가랴라 이름하는 제사장과 아론의 자손 엘리사벳이었다. 그러므로 요한은 그의 계열로 볼 때 제사장이 되어야 하는 사람이었다. 그의 부모는 헤롯 대왕이 유대의 왕으로 다스릴 때 살았다(BC 37~4년. 헤롯가의 도표를 보라). 그들은 경건하고 또 의롭고(디카이오이 [δίχαιοι]: 의로운), 주의 모든 계명을 준수하는 사람들이었다. 그러나 그들 두 사람은 다 나이가 많았으므로 자식에 대한 기대를 갖지 않았다. 이 사실은 나중에 그녀의 진술에서 증거되었듯이 계속적인 수치였다(25절). 잉태하지 못하는 여자에게 아기를 가질 수 있도록 허락하신 하나님은 구약

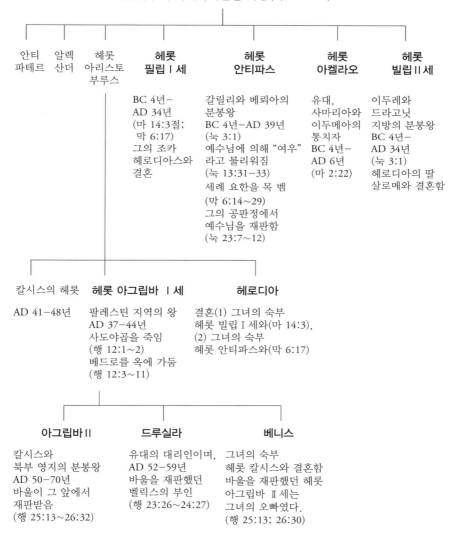

헤롯대왕

팔레스틴의 왕 BC 37-4년(1:5)
베들레헴의 사내아이들을 죽임(마 2:1~17)

안티 파테르	알렉산더	헤롯 아리스토 부루스	**헤롯 필립 I 세**	**헤롯 안티파스**	**헤롯 아켈라오**	**헤롯 빌립 II 세**
			BC 4년- AD 34년 (마 14:3절; 막 6:17) 그의 조카 헤로디아스와 결혼	갈릴리와 베뢰아의 분봉왕 BC 4년-AD 39년 (눅 3:1) 예수님에 의해 "여우" 라고 불리워짐 (눅 13:31-33) 세례 요한을 목 벰 (막 6:14~29) 그의 공판정에서 예수님을 재판함 (눅 23:7~12)	유대, 사마리아와 이두메아의 통치자 BC 4년- AD 6년 (마 2:22)	이두레와 드라고닛 지방의 분봉왕 BC 4년- AD 34년 (눅 3:1) 헤로디아의 딸 살로메와 결혼함

칼시스의 헤롯	**헤롯 아그립바 I 세**	**헤로디아**
AD 41-48년	팔레스틴 지역의 왕 AD 37-44년 사도야곱을 죽임 (행 12:1~2) 베드로를 옥에 가둠 (행 12:3~11)	결혼(1) 그녀의 숙부 헤롯 빌립 I 세와(마 14:3), (2) 그녀의 숙부 헤롯 안티파스와(막 6:17)

아그립바 II	**드루실라**	**베니스**
칼시스와 북부 영지의 분봉왕 AD 50-70년 바울이 그 앞에서 재판받음 (행 25:13~26:32)	유대의 대리인이며, AD 52-59년 바울을 재판했던 벨릭스의 부인 (행 23:26~24:27)	그녀의 숙부 헤롯 칼시스와 결혼함 바울을 재판했던 헤롯 아그립바 II 세는 그녀의 오빠였다. (행 25:13; 26:30)

헤롯 왕의 가계도

성경에서 여러 번 있었다(예, 이삭과 삼손과 사무엘의 어머니).

b. 사가랴에게 나타난 천사의 예고(1:8~23)

1:8~9 누가는 사가랴가 분향할 차례였다고 기록하였다. 이 반차는 제사
장들을 24그룹으로 나누어 그 차례를 정한 것으로, 다윗의 시대부터 행
했다(대상 24:7~18). 각 반차의 제사장들은 한 번에 1주일씩, 1년에 두
번 당번을 서게 되어 있었다. 사가랴는 아비야 반차에 있었다(1:5. 참조,
대상 24:10).

사가랴는 **제비뽑기**(에라케[$\epsilon\lambda\alpha\chi\epsilon$])에서 향을 바칠 제사장으로 뽑혔
다. 많은 수의 제사장들이 있었으므로 그가 이 직무를 수행하도록 허락
되었던 때는 사가랴의 생애에서 단 한 번 뿐이었을 것이다. 제비뽑기와
같이 우연처럼 보이는 문제에서조차 하나님의 주권이 강조되고 있음을
성경 여러 곳에서 볼 수 있다(예, 에 3:7).

1:10~11 사가랴가 성소에 들어가 **분향**하고 있을 때에 많은 백성들이
기도하기 위해 모였다. 사가랴가 드리는 분향은 온 나라의 기도를 상징하
는 것이었다. 그래서 그 특별한 시간에 사가랴는 온 유대 나라의 관심의
초점이 되었다.

사가랴의 생애에 있어 매우 특별한 시간이었던 바로 그때에 **주의 천사**
가 분향 제단 옆에서 기도하고 있는 사가랴에게 나타났다.

1:12~13 주의 천사가 나타난 목적은 사가랴와 엘리사벳에게 아들이 태
어날 것을 알려 주기 위함이었다. 사가랴는 **두려움에 사로잡혔다**(직역하

면, "두려워서 그 앞에 엎드렸다"). 누가복음을 보면 하나님의 전능하신 기사를 보고 두려워하며 경외했던(포보스[Φόβος]) 사람들을 많이 발견할 수 있다(참조, 1:30, 65; 2:9~10; 5:10, 26; 7:16; 8:25, 37, 50; 9:34, 45; 12:4~5, 32; 21:26; 23:40). "사가랴여 무서워하지 말라. 너의 간구함이 들린지라"는 천사의 대답을 보면 사가랴가 아들을 주실 것을 간구했든지, 혹은 메시아의 오심을 위해서 간구했을 것으로 추측된다. 그러므로 요한의 탄생은 그의 기도에 대한 응답일 수 있다. 천사는 사가랴에게 그의 아들의 이름에 대해서도 말하였다. 천사가 마리아에게 나타났을 때에도 같은 일이 벌어졌다(1:31).

1:14~17 천사는 아들의 이름만 말해 준 것이 아니라 요한의 인품에 대해서도 6가지로 알려 주었다.

1. 그는 너에게 기쁨과 즐거움이 될 것이다(14절). 누가는 누가복음과 사도행전에서 '기쁨'이라는 단어를 많이 사용하였는데, 그것은 종종 구원과 밀접하게 연결되었다. 이에 대한 예로, 누가복음 15장을 들 수 있다. 거기에는 잃어버린 것을 다시 찾게 되어 기뻐하고 즐거워하는 경우가 세 번 나온다. 그것은 모두 구원을 상징하는 모형이다. 세례 요한의 사역은 죄 사함을 얻기 위하여 회개하라는 그의 메시지를 믿는 이스라엘 사람들에게 기쁨을 가져다주었다(3:3).

2. 그는 주 앞에서 큰 인물이 될 것이다. '앞에서'(에노피온[ἐνώπιον]) 라는 표현은 누가의 독특한 표현이다. 이러한 표현은 누가복음과 사도행전에는 35번 나타났지만, 다른 복음서에서는 단 한 번 사용되었다(요 20:30).

3. 그는 포도주나 그 외의 발효주를 결코 마시지 않을 것이다. 나중에 요한은 자원하여 나실인의 서원을 하여, 발효된 것은 어떤 것도 마시지 않았다(민 6:1~21). 누가는 요한이 나실인 서원을 모두 지킬 것이라고 특별히 서술한 것은 아니다. 그 대신 요한은 아마도 그의 메시지가 긴박한 것이라는 그의 주장을 지지하기 위해서 어떠한 술도 마시지 않았을 것이다. 그는 메시지의 긴박성을 강조하기 위해 또 다른 방법도 사용했는데, 그것은 예언자 엘리야처럼 먹고, 입고, 행동하는 것이었다(마 3:4; 왕하 1:8).

4. 그는 태어날 때부터 성령의 충만함을 입을 것이다. '태어날 때부터'는 문자적으로 '그의 어머니의 태에서부터'이다. 요한이 태어나기 전, 마리아가 엘리사벳을 방문하였을 때, 아기가 어머니의 복 중에서 뛰었다. 성령의 사역을 중요시했던 누가는 하나님의 능력과 힘을 보여 주는 데 큰 비중을 두었다. 요한의 부모는 성령으로 충만하였다(1:41, 67).

5. 그가 이스라엘의 많은 사람들을 하나님께로 돌아오게 할 것이다. 이스라엘 백성들이 요한의 사역을 통하여 주님께 돌아왔다(마 3:5~6; 막 1:4~5).

6. 그가 주님보다 앞서 올 것이다. 세례 요한은 주님보다 앞서 올 선구자였다. 그는 엘리야의 심령과 능력으로 주께서 오실 것을 사람들에게 알렸다. 누가는 여기서 사자들에 관해 말하고 있는 말라기서의 두 절을 언급하였다: 한 사자가 주의 길을 예비하기 위하여 올 것이며(말 3:1), 아버지의 마음을 자녀에게로 돌이키기 위하여 주의 날(말 4:5~6)이 오기 전에 엘리야가 돌아올 것이 약속되었다. 사가랴는 천사가 세례 요한과 말라기 3장 1절의 사자를 동일시했던 것을 분명히 이해하였는데, 왜냐하면 그의 찬양의 노래 속에서 요한이 "주 앞에 앞서 가서 그 길을 준비"(1:76. 참조, 3:4~6)할 것이라고 했기 때문이다. 예수님은 요한이 말라기 3장 1절

(마 11:10)의 성취라고 확언하셨고, 만약 사람들이 그의 메시지를 받아들인다면 요한이 말라기 4장 5~6절을 성취할 것이라고 말씀하셨다(마 11:14).

1:18~20 사가랴는 자신과 엘리사벳이 모두 늙었으므로 그런 일이 일어날 수 있을지 의심했다. 그러자 자신을 가브리엘이라고 밝힌 천사는 사가랴에게 이 복된 소식이 주께로부터 온 것임을 다시 확신시켰다. 가브리엘은 다니엘에게 두 번 나타났다(단 8:16; 9:21). 그때마다 그는 다니엘에게 자기를 소개하였다. 그 천사는 사가랴에게도 똑같이 행하였는데, 이것은 사가랴가 나중에 불렀던(1:67~79) 찬양과 신뢰의 노래로부터 추측할 수 있다. 사가랴가 가브리엘의 메시지가 성취될 때까지 말할 수 없었던 것은 어떤 면에서 보면 믿지 않은 데에 대한 징벌이었다. 그러나 그것은 '징조'이기도 했다. 구약에서의 징조는 예언의 말씀에 동반되어 확실히 관찰할 수 있는 현상과 연관되어 있다. 그 이후 아홉 달 동안 사가랴가 말해 보려 시도했던 것은 가브리엘의 메시지를 실제로 입증하는 것이었다.

1:21~23 마침내 사가랴가 성소에서 나왔을 때, 그가 어떤 이상을 보았다는 사실을 기다리던 사람들에게 인식시켜 줄 수 있었다. 그는 성전의 직무의 날이 끝나자 유다의 산골 집으로 돌아왔다.

c. 엘리사벳의 잉태(1:24~25)

1:24~25 엘리사벳은 잉태하고 다섯 달 동안 숨어 있었다. 아마도 주위의 사람들이 그녀가 잉태한 것에 대하여 흥미롭게 생각하였기 때문일 것이

다(25절). 마리아는 사가랴와 엘리사벳을 제외한 사람들 중에서, 제일 먼저 천사가 전해 준 소식을 알게 되었다(36절). 누가는 25절에서, 엘리사벳이 그녀의 아들의 운명을 알았는가에 대해서 언급하지 않았다. 그러나 사가랴가 말하기 전에 엘리사벳이 이미 아들의 이름이 요한임을 알고 있었던 점으로 보아(60절), 사가랴가 그가 본 모든 이상들을 글로 써서 아내에게 알려 준 것 같다. 엘리사벳은 그녀가 드디어 아기를 가질 수 있게 된 것을 알고 기쁨에 넘쳤다.

2. 예수님의 탄생에 대한 예고(1:26~56)

a. 마리아와 요셉(1:26~27)

1:26~27 여섯째 달에, 즉 엘리사벳이 잉태한 지 여섯째 달이 되던 때에 하나님께서 가브리엘을 나사렛으로 보내셨다. 마리아는 아직 남자와 부부의 관계를 갖지 않았다. 왜냐하면 누가가 그녀를 동정녀(파르데논 [παρθενον], 1:34)라고 불렀고, 그녀가 요셉과 결혼하기로 약속하였다고 기록했기 때문이다(2:5). 한 남자와 한 여자가 결혼 전에 일정 기간 동안 약혼 혹은 결혼 서약을 하는 것이 유대 풍습이었다. 이때 이 약혼은 오늘의 약혼보다 그 효력이 강력하여서, 약혼한 사람들은 함께 살지 않는 점만을 제외하고는 남편과 아내로 간주되었다.

b. 예수님의 탄생을 예언하는 천사(1:28~38)

1:28~31 천사는 마리아가 지극히 은총을 받았다고 말하였다(케카리토

메네[χεχαριτωμένη]: 부분적으로는 명사 카리스[χάρις], ‘은총’과 관련되어 있다. 동사 카리토오[χαριτόω]는 신약에서 이곳 외에 에베소서 1장 6절에서만 사용되었다). 그렇다. 마리아는 하나님의 총애(카리스[χάρις]: 은총)를 받았다. 분명히 하나님은 그녀에게 특별한 명예를 주셨다. 그녀는 특별히 그분의 은총을 받은 사람이었다.

가브리엘의 권고(1:30~31)는 사가랴에게 한 것과 똑같은 것이었다: **무서워하지 말라. 네가 아들을 낳을 것이다**(참조, 13절). 요한의 경우와 마찬가지로(13절) 예수님의 이름도 천사에 의해 지어졌다.

1:32~33 천사는 마리아의 아들에 대하여 다섯 가지 사실들을 예고하였다.

1. 그는 위대하게 될 것이다.
2. 그는 지극히 높으신 분의 아들이라 불리울 것이다(76절). 70인역은 히브리어 엘욘(76절)을 번역하여 “지극히 높으신”(휘프시스투[ὑψίστου])이라는 용어를 자주 사용하였다. 마리아는 그 용어의 중대함을 잊을 수 없었다. 그녀의 아기가 “지극히 높으신 분의 아들”이라 불릴 것이라는 사실은 그 아이가 야웨와 동등하다는 지적이다. 셈족은 아들을 아버지의 ‘복사판’이라고 생각한다. 그래서 “~의 아들”이라는 표현은 ‘아버지의’ 성품을 소유한 사람을 가리킬 때 사용되곤 하였다(예, 시편 89편 22절의 히브리어를 번역한 KJV의 “간악한 자의 아들”은 간악한 사람을 뜻한다).
3. 그에게는 그 조상 다윗의 왕위가 주어질 것이다. 다윗의 자손 예수님은 천년왕국을 다스릴 때 다윗의 왕위에 앉으실 것이다(삼하 7:16; 시 89:3~4, 28~29).

4. 그는 영원히 야곱의 집에 왕 노릇 하실 것이다. 예수님께서 이스라엘 나라를 그 왕으로서 다스리는 일은 천년왕국 때에 시작되어 영원히 계속 될 것이다.

5. 그 나라가 무궁할 것이다.

이 약속들은 다윗에게 주신 야웨의 약속을 마리아가 생각나게 하였 을 것이다(삼하 7:13~16). 다윗은 성전을 건축한 그의 직계 아들(솔로몬) 뿐 아니라 영원히 다스릴 미래의 아들에 관한 예언까지도 이해하였다. 다 윗은 야웨께서 먼 미래(삼하 7:19)에 대해서도 말씀하셨다고 진술하였다. 마리아는 천사가 이야기해 준 것을 그토록 오래전부터 약속되었던 메시 아에 대한 것으로 이해하였을 것이다.

1:34~38 마리아는 메시아가 오실 것이라는 사실에 놀란 것이 아니고 **동정녀**(직역하면, "나는 남자를 알지 못하는데")인 자신이 메시아의 어머 니가 될 것이라는 사실에 놀랐다. 그러나 **천사는** 사가랴의 경우(20절)와 는 달리 마리아를 꾸짖지 않았다. 왜냐하면 마리아가 천사의 말을 의심 하지 않고, 다만 어떻게 그러한 사건이 이루어질 것인가를 알고자 했기 때문이다. 이때 천사의 대답은 창조적인 **성령**께서 예수님을 육체적으로 잉태되도록 하신다는 것이다(35절). 이러한 기적적인 잉태와 예수 그리스 도의 동정녀 탄생은 그의 신성과 선재(先在)에 필요하다(참조, 사 7:14; 9:6; 갈 4:4).

사가랴와 같이, 마리아에게도 한 가지 징표가 주어졌다: 엘리사벳도 **아들을 배었느니라**. 마리아는 하나님의 섭리를 따름으로써 하나님의 아 들을 잉태하는 역할을 감당했다: **당신의 말씀대로 내게 이루어지이다**. 그 녀는 자신을 주의 **여종**(둘레[δούλη]: 노예. 1:48)이라고 고백하면서, 기꺼이 하나님의 계획을 수락했다.

c. 마리아가 엘리사벳을 방문함. 그리고 집에 돌아옴(1:39~56)

1:39~45 계시를 깨달은 후에, 마리아는 서둘러 엘리사벳에게 갔다. 엘리사벳과 사가랴는 언덕 마을에 살았는데, 이곳은 아마도 예루살렘 근처 언덕 지대를 언급한 듯하다. 마리아가 도착하였을 때 엘리사벳의 아기는 기뻐서 그녀의 복중에서 뛰놀았고, 엘리사벳은 성령으로 충만해 있었다. 사가랴도 역시 그 후에 성령으로 충만해졌다(67절). 오순절에 앞서, 믿는 자들도 특별한 임무를 위하여 성령으로 충만해졌다.

엘리사벳이 큰 소리로 말한, 여자 중에 네가 복이 있도다(유로게메네 [εὐλογημένη]: 직역하면, '좋게 말하다')라는 말은 모든 여인들 중에서 마리아가 가장 명예롭다는 의미를 수반한다. 엘리사벳은 그녀를 내 주의 어머니라고 불렀다. 누가복음에서 '주'(퀴리오스[κύριος])라는 말은 예수님을 나타낼 때 사용되곤 했다. 그것은 두 가지 의미가 있다. '주(Lord)'는 그 당시 독자들에게는 '그리스도'(Christ, 메시아의 의미)의 개념보다도 더 중요했다. 왜냐하면 이방인들은 간절하게 메시아를 고대하지 않았기 때문이다. 반면에 70인역은 자주 야웨로 번역되는 '주'(κύριος)라는 단어를 사용하였다. 45절에서 엘리사벳은 마리아가 복되다(마카리아[μαχάρια]: 행복)고 다시 한번 말했는데, 그 이유는 마리아가 하나님이 그녀에게 말한 바를 믿었기 때문이었다. 이것은 마리아가 엘리사벳을 방문한 이유가 의심 때문이 아니라 자신에게 예고된 것을 기쁘게 확증하기 위해서였다는 것을 보여 준다.

1:46~55 당면한 상황에 대해서 마리아는 하나님께서 그녀와 그녀의 백성에게 베푸신 은총을 찬양하는 노래를 불렀다. 마리아의 찬양가(The Magnificat)는 거의 전부가 구약의 암시와 인용으로 구성되어 있다. 사가랴와 시므온의 노래들도 똑같다(1:68~79; 2:29~32). 마리아의 노래와 한나의 노래는 유사하다(삼상 2:1~10). 첫째로 마리아는 그녀에게 향하신 하나님의 특별한 은총을 인하여 하나님을 찬양하였다(1:46~50). 마리아는 그녀 자신을 하나님께 드렸던 경건한 남은 자의 일부라고 보았다. 그녀는 하나님을 그분과의 친밀한 관계를 나타내는 내 구주(소테리 무[σωτῆρί μου])라고 표현했다. 그분의 신실하심(48절), 능하심(49절), 거룩하심(49절), 그리고 긍휼하심(50절)에 관하여 이야기했다. 두 번째로 마리아는 이스라엘에 대한 하나님의 특별한 은총을 인하여 하나님을 찬양하였다(51~55절). 그녀가 낳은 아들을 통하여, 하나님은 **아브라함과 그 자손에게 자비로우신 분**이 되셨다. 마리아는 아기의 탄생이 아브라함과 그의 백성들에게 약속된 언약의 성취라는 것을 자각하였다.

1:56 요한이 태어나기 전 마리아는 엘리사벳과 석 달쯤 함께 있었다(참조, 36절). 마리아는 그 후에 집으로 돌아왔다. 헬라어 원전에는 "그녀의 집"이란 단어를 사용하고 있는데, 이는 그녀가 이제껏 처녀이고 아직 요셉과 결혼하지 않았다는 것을 가리킨다.

B. 세례 요한과 예수님의 탄생과 어린 시절(1:57-2:52)

앞 단락(1:5~56)과 같이 누가는 탄생에 대한 기록들을 병행의 양식으로 배열하였다. 그가 강조하는 것은 '요한의 탄생'보다 더 자세히 묘사되어 있는 '예수님의 탄생'이다.

1. 요한의 탄생과 성장(1:57~80)

a. 요한의 탄생(1:57~66)

1:57~66 요한의 탄생에 대한 기록은 단 한 절(57절)뿐이다. 사람들이 크게 기뻐했다는 말이 뒤따른다. 그 외의 구절들은 사가랴와 엘리사벳의 순종에 초점을 맞추어 그것을 강조하였다. 늙은 부부는 조심스럽게 그 아이에 대한 할례의 율법을 따랐다. 다른 이들이 반대했지만, 엘리사벳은 그 아이를 요한이라고 이름 지었다. 사가랴도 서판에 요한이라 써서 그 이름을 분명히 하였다. 그런 후 즉시 사가랴가 말을 하게 되자 군중들은 몹시 놀랐다. 사가랴는 하나님을 찬양하고 있었다(유로곤[εὐλογῶν]: 축복하다. 42절의 유로게메네[εὐλογημένη]와 비교). 이 아기가 비범한 아기라는 말이 그 후에 온 산골에(예루살렘 지역에) 퍼졌다. 그와 함께 사람들은 주의 손이 그와 함께 계셨다는 것을 계속하여 주목하였다. 수년후, 요한이 그의 전도 사역을 시작하였을 때, 그의 탄생을 둘러싼 놀라운 사건들(마 3:5)을 의심하지 않고 기억하였던 많은 사람들이 이 지역으로부터 밖으로 찾아 나갔다.

b. 사가랴의 예언과 시(1:67~79)

1:67~79 찬가로 알려진 이 시는, 구약성경의 인용과 암시들로 가득 차 있다. 여기서 사가랴는 네 가지를 상술하였다.

　1. 사가랴는 하나님을 찬양할 것을 권고하였다(68절 상).
　2. 사가랴는 하나님을 찬양해야 할 이유를 기록하였다. 그가 오셨고 자기 백성을 속량하셨다(68절 하).
　3. 사가랴는 메시아를 통한 이스라엘의 구원을 묘사하였다(69~75절). 메시아는 이스라엘의 구원의 **뿔**이 되어야만 했다(69절). 동물에 있어서 뿔은 그 힘을 상징한다. 메시아는 강해야 하며 그 원수들로부터 국가를 건져야 한다. 이 점에서 특별히 중요한 것은 **그분의 거룩한 언약**, 하나님이 우리 조상 아브라함에게 하신 언약에 대한 언급이다(72~73절; 창 22:16~18).
　4. 사가랴는 요한이 하게 될 사역을 예언적으로 묘사하였다(1;76~79). 사가랴는 천사의 메시지를 이해하였다. 그래서 그는 요한이 주님보다 앞서 와서 그분의 길을 닦을 자가 되리라고 예언하였다. 그는 **지극히 높으신 분**이 선지자가 될 것이었다(1:76. 참조, 32절). 77절은 요한보다는 오히려 주님의 사역과 관련될 수 있다. 그러나 요한도(주님과 같이) **죄 용서함**에 대한 메시지를 전하였다(참조, 3:3).

c. 요한의 성장과 은둔(1:80)

1:80 요한은 자라면서 심령이 강해졌다. 즉, 그의 정신 속에 내적인 생명

력과 불굴의 인내력을 갖게 되었다. 그가 대중 앞에 나타날 때까지 빈들에서 지낸 생활은 젊은이답지 않은 비정상적인 생활이었다. 그러나 어릴 때부터 자신이 수행해야 할 것을 알았던 특별한 사명 때문에 그는 황량한 지역에서 살면서 엘리야의 사역(17절)을 따르기로 결정했다. 짧막한 이 기간 동안의 요한의 사역은 그를 탁월한 사람으로 만들었다.

신약 시대의 로마 황제들	
아우구스투스 (BC 31년~AD 14년)	요셉과 마리아를 베들레헴으로 가게 했던 인구 조사를 명령했다(2:1).
티베리우스 (AD 14~37년)	예수님께서 이 때 붙잡히시고 못 박히셨다(3:1; 20:22, 25; 23:2; 요 19:12, 15).
칼리굴라(AD 37~54년)	
클라우디우스 (AD 41~54년)	계속되는 기근이 발생했다(행 11:28). 로마에서 아굴라와 브리스길라를 포함한 유대인들을 추방하였다(행 18:2).
네로 (AD 54~68년)	기독교인들을 박해하였다. 바울과 베드로가 이 시기에 순교하였다. 바울이 정당한 재판을 청원하였던 가이사이다(행 25:8, 10~12, 21; 26:32; 27:24; 28:19).
갈바(AD 68~69년)	
오토(AD 69년)	
비텔리우스(AD 69년)	
베스파시안 (AD 69~79년)	유대인의 반란을 진압하였고, 아들 티투스가 AD 70년에 예루살렘 성전을 파괴하였다.

2. 예수님의 탄생과 성장(2장)

a. 예수님의 탄생(2:1~7)

2:1~2 예수님의 탄생 일자는 누가가 가이사 아구스도의 지배 말기로 기

록했는데, 아구스도는 공식적으로 BC 27년에 로마 제국의 통치자가 되어 AD 14년까지 다스렸다. 헤롯 대왕의 통치는 BC 4년에 끝났고 예수님은 그 이전에 태어나셨다. **수리아의 총독인 구레뇨에 대한 언급에서 문제점이 제기된다. 그는 예수님의 탄생보다도 훨씬 늦은 시기인 AD 6~7년 사이의 통치자이기 때문이다. 그렇다면 NIV의 처음(프로테[πρωτη])이라는 언급은 구레뇨에 의해 첫 번째, 혹은 초기에 행해진 **인구 조사**를 의미하는 것인가? 만약 그렇다면 구레뇨가 그 이전, BC 4년 무렵에도 다스렸다는 것을 가정해야만 한다. 아마도 '처음으로'라는 단어는 '이전에'라고 해석하는 것이 더 낫다. 그 예로 요한복음 5장 18절을 들 수 있다. 누가복음 2장 2절을 그런 식으로 읽으면, "이것은 구레뇨가 수리아의 총독이기 전에 발생하였던 인구 조사였다"(즉 AD 6년 이전)가 된다.

2:3~5 인구 조사 때문에 요셉과 마리아는 요셉의 본가가 있는 베들레헴으로 갔다. 요셉은 다윗의 자손으로(참조, 1:27), 베들레헴에서 태어났다. 혹자는 그들이 현재 살고 있는 곳에서 주민등록을 하지 않았던 것이 이상하다고 주장한다. 그러나 똑같은 실례를 다른 곳에서 찾아볼 수 있다. 마리아는 여러 이유로 요셉과 동행하였다. 요셉과 함께 있지 않을 때에 아기가 생긴 것을 알았기에 더이상 서로 떨어지기 싫어했다. 그들은 메시아가 베들레헴에서 태어나기로 되어 있는 것을 알고 있었다(미 5:2).

2:6~7 그 아기는 그들이 베들레헴에 있는 동안에 태어났다. 예수님이 마리아의 맏아들이라고 불린 사실은 후에 그녀가 다른 아이를 가졌다는 것을 의미한다. 그들은 개인용이 아닌 숙소를 빌렸다. 전승에 의하면 여관 근처의 한 굴속에 있었다. 그 아기는 한 구유 안에 놓였는데, 그곳은

가축들이 먹이를 먹는 곳이었다. 강보에 싸여 있다는 사실이 매우 중요하다. 목자들이 갓난아기를(12절) 알아볼 수 있는 표시가 되기 때문이다. 아기들은 강보에 싸여 팔다리를 곧게 펴고 위험으로부터 보호되었다.

b. 아기를 경배하는 목자들(2:8~20)

2:8~14 소식을 전할 한 천사와 다른 천사들이 **밤중에 한 무리의 목자들**에게 나타나서 다윗의 마을 곧 베들레헴에서(4절) **구주**가 탄생하시리라는 사실을 전하였다. 목자들은 유월절 기간 동안에 제물로 쓰게 될 양들을 돌보고 있었을 것이다.

천사들의 출현과 찬란한 **주**의 **영광**은 그들을 두렵게 하였다. 헬라어 '두려워하다'(직역하면, "그들은 큰 공포에 떨었다")는 이러한 공포의 격렬함을 강조한다. 천사의 메시지는 위로를 주는 것이었다. 목자들은 **무서워하지 말라**는 말을 들었다(참조, 1:13, 30). 그 메시지는 '**구주**', 그리스도 주님이 태어나셨다는 것이었다. 이것은 **큰 기쁨의 좋은 소식**이었다. 누가복음 전체에서 '기쁨'(카라[χαρά])은 구원과 연관되고 있다. 이 소식은 **모든 사람들**에게 전파되어야만 한다. 여기서는 특별히 이스라엘 사람들을 말하는 것이지만, 아마도 누가는 구세주가 온 인류를 위하여 나신 분이라는 사실을 암시하는 것 같다. 그 천사는 그 후에 지극히 높은 곳에서 하나님을 찬양하고 있었던 허다한 무리의 다른 천사들과 합류했다. NIV의 "**땅에서는 그가 기뻐하시는 사람들 위에 평화**"가 KJV의 "**사람들에게 선하심**"보다 더 낫다. 하나님의 평화는 선한 의지를 가진 사람에게 주어지는 것이 아니고, 하나님의 선하신 뜻이나 은총을 받아들이는 사람들에게 있는 것이다.

2:15~20 목자들은 그 아기를 보러 갔으며, 천사들이 그들에게 알려 준 일들을 서로 이야기하였다. 목자들은 천사들이 주님에 대하여 말한 것을 이해하였다. 그들은 그 메시지를 믿었고 스스로 그것을 확인해 보려고 길을 떠났다. 이것은 마리아가 엘리사벳에 대한 메시지를 듣고 난 후에 취한 행위와 매우 비슷하였다. 이러한 태도는 그 아기가 어디서 태어날 것을 알면서도 그들 자신을 위하여 이를 확인하기 위한 시간이나 노력을 기울이지 않았던 종교 지도자들의 태도와(마 2:5) 극히 대조된다.

　그 아이를 보고 난 후에 목자들은 메시아가 이 땅에 오셨음을 전한 최초의 전달자가 되었다: 그들은 그 말씀을 전하였다. 이 이야기를 듣는 사람들은 모두 놀라워하였다(에다우마산[ἐθαύμασαν]). '메시아 선포'라는 놀라운 주제는 누가복음서 전체에 흐르고 있다(헬라어 동사 다우마조[θαυμάζω]: 놀라워하다, 이상히 여기다, 당황해 하다. 1:21, 63; 2:18, 33; 4:22; 8:25; 9:43; 11:14, 38; 20:26; 24:12, 41. 놀라움에 대한 다른 두 낱말도 누가에 의해 사용되었다. 2장 48절을 보라). 마리아는 이 기념적인 사건에 대해 묵상하였다. 이스라엘의 모든 여인들 중에서 그녀가 메시아의 어머니가 된 것이다! 목자들은 많은 천사들이 그랬듯이(13~14절) 하나님께 영광을 돌리고 찬양하며 돌아갔다.

c. 예수님의 할례(2:21)

2:21 이미 아기를 잉태하기 전에 마리아에게 전해졌고(1:31) 또한 아기를 잉태한 후 요셉에게도 전해졌던(마 1:18~21) 말씀을 따라서 마리아와 요셉은 아들의 이름을 짓고 천사의 말을 실행했다. 예수라는 이름은 "야웨는 구원이시다"(참조, 마 1:21)라는 뜻의 히브리어 이름 요수아의 헬라

어 표현이다. 관례에 따라서, 예수님은 팔 일에(레 12:3) 할례를 받았는데,
장소는 아마도 베들레헴이었을 것이다.

d. 하나님께 예수님을 바침(2:22~38)

(1) 마리아와 요셉의 봉헌(2:22~24)

2:22~24 그 부부에게는 율법에 따라서 예수님에게 할례 받게 하는 일
과(레 12:3) 33일 후에 그들의 **첫아들**을 하나님께 드리는 일(출 13:2, 12),
그리고 아기를 낳은 마리아의 정결을 위하여 제사를 드려야 하는 일이 요
구되었다. 그녀의 정결을 위하여 드렸던 제사에서 그들이 가난한 부부였
다는 것이 나타난다. 그들은 양 한 마리를 드릴 여유가 없었으므로 산비
둘기 한 쌍과 집비둘기들을 샀는데, 그것이 그들이 할 수 있는 모든 것이
었다. 그들은 성전에서의 봉헌과 정결례를 위하여 베들레헴에서 **예루살
렘**까지의 길지 않은 거리를 여행하였다.

(2) 그 가족에 대한 시므온의 예언과 축복(2:25~35)

2:25~26 시므온은 성령에 의해서 메시아를 보기 전까지는 그가 죽지 않
을 것이라는 말을 듣고 있었다. 시므온은 하나님 앞에서 **의롭고**(디카이오
스[δίχαιος]) 또한 **경건하였다**(유라베스[εὐλαβής]: 경건한). 종교 지도자
들과는 달리, 그는 이스라엘의 위로를 기다리고 있었는데 그가 바로 나라에
위로를 가져다주실 이, 메시아였다(참조, "예루살렘의 속량." 38절). 성령
께서 시므온 위에 **계셨다는** 기록은 그와 같은 일을 경험한 구약 예언자
들 중의 하나를 연상하게 한다. 안나가 '여예언자'(36절)인 것으로 볼 때,
시므온은 이스라엘의 경건한 예언적 전통 속에 있었을 것이다. 메시아를

보게 될 것에 대한 성령의 특별한 계시는 분명히 독특한 것이었다. 아마도 이것은 약속된 자에 대한 시므온의 강렬한 열망 때문에 주어졌을 것이다.

2:27~32 그 아기를 안고서, 시므온은 하나님을 찬송하였다. 이것은 누가복음에 나타나는 경건한 사람들이 메시아를 향해서 드린 응답이었다. 그리고 그는 **구원**을 주심으로써 약속을 성취하시는 하나님을 찬양하는 찬미의 시를 읊었다. 그의 이름인 예수가 의미하는 것과 같이, 메시아는 구원의 원천인 것이다. 누가가 처음의 두 장에서 기록한 감사와 경배의 찬송 세 곳에는(1:46~55, 68~79; 2:29, 32) 이스라엘과 세계의 구원을 위한 요한과 예수님의 탄생의 심오한 뜻이 담겨 있다. 시므온은 메시아가 **이스라엘**을 위해서 뿐만 아니라 **이방인들**을 위해서도 존재해야 한다고 보았다. 이방인들을 위한 구원의 사상은 누가복음에서 여러 번 나타난다.

2:33 시므온의 말은 마리아와 요셉을 놀라게 하였다(다우마존테스 [θαυμάζοντες]. 참조, 18절 주해). 그들은 그들의 아들이 메시아라는 이야기를 들었지만, 아마도 그들은 전 세계(이스라엘 민족은 물론 이방인들까지)에 대한 그의 사역의 범위를 이해하지는 못하였을 것이다.

2:34~35 시므온은 마리아에게 그녀의 아들이 반대를 받을 것이고(비방을 받는 표적) 그녀의 마음이 몹시 아프게 될 것이라고 말하였다. 그녀의 슬픔은 칼과 같이 그녀의 마음을 찌를 것이다. 그 아들은 이스라엘 중 많은 사람의 패하고 흥함을 위한 근원이 될 것이다. 예수님은 그의 사역을

통하여 그의 왕국에 이르는 유일한 방법은 그를 따르는 것이라고 선포하셨다(이스라엘 백성들은 오랫동안 그 방법을 찾고자 노력해 왔다). 그렇게 행하는 자는 구원을 받을 것이며 '일어설' 것이다. 그러나 그를 믿지 않는 사람들은 구원을 받지 못할 것이며 '넘어질' 것이다. 이러한 결과들은 그들이 마리아의 아들에 대해 생각하는 바대로 나타나게 될 것이다.

(3) 하나님께 감사하는 안나

2:36~38 예언적 전승에 속한 이 경건한 여인은 시므온이 시작했던 일을 계속하였다. 안나는 84세였고 그녀의 남편이 수년 전에 죽은 이후로 성전에서 온전히 주의 사역에 헌신하였다. 그녀는 예루살렘의 속량을 고대하던 모든 사람들에게(25절) 메시아께서 오신 것을 공표하였다. 예수님과 관련된 말은 사람들이 늙은 예언자와 과부인 여예언자의 말을 믿든지 혹은 안 믿든지 유대의 도시 전체에 알려졌을 것이다.

e. 나사렛에서 자라신 예수님(2:39~40)

2:39~40 요셉과 마리아는 그 후에 예수님과 함께 예루살렘의 북쪽으로 65마일 가량 떨어진 갈릴리의 나사렛에 있는 그들의 고향으로 돌아왔다. 거기서 예수님께서 자라셨다. 누가는 그의 기록(참조, 마 2:13~21)에서 예수님이 애굽에 잠시 머물렀던 것을 생략하였는데, 그것은 메시아에 대한 초기의 거부를 나타내는 것이 그의 의도가 아니었기 때문이다. 나사렛에서 예수님은 자신이 메시아라는 사실을 사람들에게 선포한 이후 첫 번째로 거부당했다. 예수님의 사역의 준비는 자랄 때에 마을에서 이루어졌다. 누가는 예수님이 자라며 강해지고 지혜(소피아[σοφια])가 충만

하였다고 기록하였다. 예수님의 지혜의 자람은 후에 언급되었다(2:52). 누가는 또한 예수님의 추종자들(21:15)을 위하여 예수님을 지혜의 근원으로 묘사하였다. 예수님과 함께 하나님의 은총 또는 은혜(카리스[χάρις])가 있었다. 누가는 2장 52절에서 그 특성을 거듭 언급하였다. 지혜와 하나님의 은총은 12살이 되기 전에 이미 역력하게 드러났다.

f. 성전을 방문하신 예수님(2:41~50)

2:41~50 예수님은 12살이 되시던 해에 지상에서의 사역을 이해하셨다. 관습대로 마리아와 요셉은 유월절 절기를 지키러 해마다 **예루살렘**으로 갔다. 하루를 지키는 유월절에 칠 일 동안의 무교절 축제가 이어진다(출 23:15; 레 23:4~8; 신 16:1~8). 합하여 팔 일간의 축제가 유월절이라고 불렸다(22:1, 7; 요 19:14; 행 12:3~4). 그들은 예루살렘 여행에서 집으로 돌아올 때에 예수님이 그들과 함께 있지 않다는 것을 깨닫지 못하였다. **사흘 후에 그들은 성전에서 그를 찾아내었다.** 그 '사흘'은 그들이 도시를 떠난 후부터의 시간을 가리킨다. 그들은 도시를 떠나서 하룻길의 여행을 하였고(2:44), 되돌아가는 데 이틀이 걸렸으며 그를 발견한 것은 다음 날이었다.

예수님께서는 율법 선생들과 함께 앉으사 듣기도 하시고 열심히 묻기도 하셨으며, 모든 사람이 그의 지혜와 그의 대답에 경탄하였다(엑시스탄토[ἐξίσταντο]: 놀라서 정신을 못 차리다. 참조, 8:56). 마리아와 요셉도 그를 보았을 때, 깜짝 놀랐다(엑세프라게산[ἐξεπλάγησαν]: 충격을 받다. 아마도 기뻐서. 참조, 4:32; 9:43). 왜 그가 이런 방법으로 그들에게 대하였는지에 대해 묻는 마리아에게 예수님은 그들과 하나님, 즉 그의 진정한 아버지(2:49) 사이에 분명한 구분을 지으며 대답하였다. 그의 말은 그가 자신의 사역을 알고 있고 그의 부모들 역시 그의 임무에 대해서 알아야 했다는 것을 확고히 한 것이었다. 그러나 그의 부모는 이것을 이해하지 못하였다.

g. 성장을 계속하는 예수님(2:51~52)

2:51~52 누가는 그의 독자들이 앞의 문장을 읽고 오해하지 않도록 예수님께서 요셉과 마리아에게 순종하였다는 것을 세심하게 지적하였다. 마리아는 이 모든 일을 그녀의 마음속에 간직하였다. 12살짜리 아이의 말을 이해하지는 못했으나, 마리아는 그 말을 마음에 비춰 보고 기억하였다. 아마도 누가는 예수님의 어린 시절에 관한 이 내용들을 마리아 본인으로부터 혹은 그녀가 신뢰했던 누군가로부터 들었던 것 같다. 예수님은 모든 면에서(영적으로, 정신적으로, 또 육체적으로도) 계속 커 갔으며(프로에코프텐[προέχοπτεν]: 직역하면, "~의 앞길을 헤쳐 나아가다", 즉 '증대하다') 하나님과 사람들에게 총애를 받게 되었다(참조, 40절).

III. 예수님의 사역을 위한 준비(3:1~4:13)

이 단락은 누가복음의 메시지(예수님의 갈릴리에서의 사역과 예루살렘으로 가는 도중에서의 사역[4:14~19:27])를 위한 길을 준비하고 있다.

A. 세례 요한의 사역(3:1~20; 마 3:1~12; 막 1:1~8)

일찍이 기록하였듯이(1:80) 세례 요한은 유명하게 되어 혜성과 같이 빛나다가 갑자기 헤롯에게 사형 선고를 받아 죽을 때까지 은퇴하여 생활하였다.

1. 요한에 대한 소개(3:1~6)

3:1~2 요한의 메시지는 디베료 가이사 통치 후 15년째 되던 해, 즉 AD 29년에 시작되었다. 디베료 가이사는 로마 제국을 AD 14년에서 AD 37년까지 지배하였다. 본디오 빌라도는 AD 26년에 유대의 총독으로 임명되어서 AD 36년까지 지배하였다. 그는 대체적으로 그가 다스리는 유대 민족들을 적대하였다. 여기서의 **헤롯**은 헤롯 안티파스로서 BC 4년에서 AD 39년까지 티베리우스에서 갈릴리까지 다스렸다. 그의 동생 빌립은 BC 4년에서 AD 34년까지 요단의 동쪽을 다스렸다(1장 5절의 헤롯 가계의 도표를 보라). 헤롯의 도읍지는 가이사랴 빌립보에 있었다. 다마스쿠스의 북쪽에 있는, 아빌레네를 지배했던 루사니아에 관해서는 알려진 바가

거의 없다. 요한의 사역은 안나스와 가야바의 때에 시작되었다. 안나스는 AD 6년에서 AD 15년까지 대제사장이었으나, 로마 정권에 의해 물러나게 되었다. 결국 그의 양자 가야바가 그 지위에 앉게 되었다(AD 18~36년). 유대인들은 가야바가 그 지위에서 일을 하였으나 안나스를 올바른 대제사장으로 인식하였다(참조, 행 4:5~6의 주해. 그곳에서 안나스의 가계의 도표를 보라. 참조, 눅 22:54의 주해; 행 7:1).

누가는 하나님의 말씀이 빈 들에서 요한에게 임하였다고 기록하였다. 구약에는 직무를 수행할 특정한 예언자들을 하나님께서 부르시는, 이와 유사한 구절들로 가득 차 있다. 누가는 요한이 대중 앞에 나타날 때까지 빈 들에서 지냈다고(1:80) 기록한 바 있다.

3:3~6 요한의 메시지는 죄 사함을 받게 하는 회개의 세례였다. 요한의 세례는 회개와 관련된 것이었다. 즉, 마음의 내적인 변화가 겉으로 나타난다는 것이었다. '~를 위한'(에이스[εἰς])이라는 낱말은 모두 '회개의 세례'로 돌아가는 것과 관련이 있다. 세례만으로 아무도 구원할 수 없다는 것은, 이어지는 구절에도 명백히 나타나 있다(7~14절). 회개는 '~으로'(에이스[εἰς]를 직역한 것. 참조, 행 2:38의 주해) 또는 죄를 용서받게 되는 결과를 가져오는 것이었다. 요한의 역할은 그리스도의 선구자가 되는 것이기 때문에, 그의 세례 역시 또 다른 세례의 예시였다. 누가는 요한이 세례를 베푼 곳이 **요단 강 부근**(페리코론[περίχωρον])의 마을이었다고 기록하였다. 요한은 자신 스스로 생생하게 엘리야의 역할을 하였다. 그래서 엘리야가 그의 마지막 생애를 보냈던 장소(비교, 왕하 2:1~13)인 요단 강 하류 지역을 세례를 베푸는 장소로 선택할 수 있었다. 누가는 요한의 사역과 관련하여 이사야 40장 3~5절을 인용하였다. 이사야는 하나님께서

바벨론에서 유다로, 포로 생활로부터 귀환하는 길을 평탄케 하셨던 것을 기록하였다. 그러나 공관복음서의 세 기자는 이사야의 말씀을 세례 요한에게 적용시켰다.

이사야는 "빈 들에서 외치는 자의 소리가 있다. 너희는 주의 길을 예비하라"고 하였고 마태, 마가, 누가는 각각 광야에서 외치는 자의 소리가 있다고 하였다. – 길을 예비한다는 말 대신에 '광야에서'라는 단어를 '소리'와 함께 사용하였다. 왜냐하면 그들이 70인역을 인용했기 때문이다. 물론 두 가지 모두 맞다.– 광야에서 세례 요한의 소리가 있었다: 그 광야는 평탄해져야 한다.

왕이 사막을 여행할 때 일꾼들은 왕의 여행이 쉽고 편안할 수 있게 돌을 깨끗이 치웠고 길을 평탄케 하기 위하여 그보다 앞서서 갔다. 누가복음에서 땅을 평탄하게 하는 일은, 요한을 통하여 많은 사람들이 예수님의 메시지를 받을 준비가 되어 메시아의 길이 더 평탄하게 될 수 있었다는 것을 의미하는 비유적인 표현이다(참조, 1:17). 복음의 우주적인 유용성에 대하여 누가가 전형적으로 강조한 곳은 3장 6절, 모든 육체가 하나님의 구원하심을 보리라는 구절이다.

2. 요한의 메시지(3:7~14)

누가는 윤리적인 낱말들로서 요한의 메시지를 기록하였다. 사람의 생애는 그가 진실로 회개하였는지 아닌지에 의해 입증된다는 것이 요한의 교훈이었다(참조, 야고보서). 누가에게 윤리적인 가르침은 중요한 것이었는데, 그것은 그가 압박받는 자와 가난한 자를 돕는 일에 관하여 자주 쓴 것으로 보아 알 수 있다.

3:7~9 요한은 사람들에게 믿음의 표시로 **열매**를 맺어야 한다고 주장하였다. 사람들에게 한 요한의 설교는 "**독사의 자식들아**"라는 격한 것이었다. 확실히 어떤 사람은 세례만으로 구원을 얻을 수 있다는 믿음을 가지고 왔다. 요한은 완고하게 굳어진 그들의 실생활에 대하여 경고하였다. 누구나 **징벌**이 다가온다는 사실에 직면해야만 한다. 요한은 어느 누구도 이스라엘의 구성원이라는 것만으로 구원받을 수는 없다는 것을 분명히 하였다(8절. 참조, 요 8:33~39; 롬 2:28~29). 도끼가 좋은 열매를 맺지 못하는 나무들을 불로 태울 수 있도록 **찍어 버릴** 준비가 되어 있다. 마찬가지로 온전한 회개로 증거("좋은 열매를 맺는")하지 않는 사람에게는 심판이 매우 가까이 왔다.

3:10~14 군중들, 세리, 그리고 군인들 모두가 온전히 회개했다는 증거를 나타내기 위해서 우리가 "**무엇을 해야 합니까**"(10, 12, 14절)라고 물었다(참조, 10:25; 18:18의 비슷한 질문). 요한은 사람들에게 응답하기를 (1) 관대하고(3:11), (2) 성실하며(13절), 그리고 (3) 스스로 만족하라(14절)고 말하였다. 각 사람들은 생활의 필수품들(옷이나 음식)을 같이 나눔으로써 그들의 회개를 보여 주었다. 튜닉은 셔츠와 같은 의복이었다. 사람들은 언제나 그것을 가지게 되면 두 벌 입었다.

　세리들은 거둘 것보다도 더 거둬들여서 그들 자신을 위하여 착복하는 몰염치한 행동으로 악명이 높았다(참조, 5:27~32). 그들은 성실함이 필요한 실례가 되었다. 군인들은 언제나 **돈**을 더 **뺏**으려고(그것을 강탈하고 다른 사람의 탓으로 돌렸다) 하기 때문에 미움을 받았으므로, 자족하고 겸손하여야 할 실례가 되었다.

3. 요한의 역할(3:15~17)

3:15~17 누가는 무엇이 요한의 역할이 되어야 했는지를 이미 설명하였다(1:17, 76). 그러나 요한의 말을 듣기 위해 모여들었던 군중들은 과연 요한이 그리스도일까 하고 궁금해하기 시작했다. 요한은 그가 주는 세례와 메시아의 세례를 구별하였다: 요한은 물로 세례를 주지만 메시아는 성령과 불로 세례를 줄 것이라고 하였다. 사도 요한은 예수님을 성령 세례를 받으셨던 분으로서만 아니라 세례를 주시는 분(요 20:22)으로서 소개하였다. 궁극적으로 성령 세례 역사의 성취는 오순절 날에 보였다(행 2:1~4). '불' 세례는 성령 세례의 정결케 하는 면과 연관될 수 있거나(행 2:3), 메시아가 성취하실 심판날의 정화 사건과(말 3:2~3) 연관시킬 수 있을 것이다. 누가복음 3장 17절은 후자에 더 속한 것 같다(참조, 9절).

4. 요한의 설교와 투옥(3:18~20)

3:18~20 학자들은 세례 요한의 투옥과 죽음의 시기에 대해 논쟁하였다. 요한이 그의 사역을 시작한 것은 대략 AD 29년(참조, 1절)인 듯하며, 그 이듬해에 투옥되어 AD 32년 이전에 목이 베인 것 같다. 그의 전 사역은 삼 년 이상 지속되지 못했다(1년 정도는 감옥 밖에서, 그리고 2년은 감옥 안에서였다[요한의 투옥과 목 베어 죽은 것에 대한 상세한 것은 마 14:1~12; 막 6:14~29; 눅 9:7~9, 19~20을 보라]).

B. 세례 받으신 예수님
(3:21~22; 마 3:13~17; 막 1:9~11; 요 1:29~34)

4복음서는 모두 대중 사역의 시작의 신호가 되었던 예수님의 생애 속에서의 이 기념적인 때를 기록하고 있다. 누가는 다른 복음서 저자들보다도 더 그 기록을 요약하였다. 그 세례의 목적은 성령으로 예수님께 기름 부으려는 데에 있었고, 또한 그의 사역을 시작하기 위하여 성부에 의하여 그를 확증시키려는 데에 있었다. 신격의 각 위는 지상에서 성자의 행위를 감싸 주었다(그의 세례를 포함하여). 성자가 세례를 받았고, 성령께서 그 위에 강림하셨으며, 성부께서는 예수님을 증거하여 말씀하셨다. 그의 세례에서 예수님은 죄인이 아니었지만 죄인들과 같이 되셨다.

3:21 누가는 예수님께서 세례 받으실 때에 기도하셨다고 서술하였다. 누가는 기도하시는 예수님을 여러 번 제시하였다. 예수님께서는 그의 생애에서 많은 일을 하시며(혹은 하시기 전에) 늘 기도하셨다(21절; 5:16; 6:12; 9:18, 29; 22:32, 40~44; 23:46). 누가가 하늘이 열렸다고 기록하였을 때에 그는 하나님께서 계시(예수님께서 그의 아들이라는 절대적인 선언)와 함께 인간의 역사 속으로 뛰어 들어오셨다는 생각을 전달하였다.

3:22 비둘기는 심판으로부터의 평화 혹은 자유의 상징이었기 때문에(창 8:8~12), 성령께서 비둘기같이 출현하신 것은 예수님께서 그에게로 돌아오는 사람들에게 구원을 가져다줄 수 있음을 상징했다. 하나님의 음성은 시편 2편 7절과 이사야 42장 1절을 시사하며 예수님을 인증하셨다.

C. 예수님의 족보(3:23~38; 마 1:1~17)

예수님의 계보는, 세례 가운데 성부에 의해 인증을 받으신 후, 즉각적으로 누가에 의해 기록되었다. 이것은 메시아께서 성부의 뜻을 성취할 수 있도록 세상의 사건들을 예비하시는 가운데 전능하신 하나님의 손길을 미리 보여 주고 있다.

3:23 누가는 예수님께서 30세쯤에 그의 사역을 시작하셨다고 기록하였다. 누가는 사역이 시작되었을 당시의 예수님의 나이에 대하여 확실하게 몰랐던 것은 아니다. 누가는 처음부터(1:3) 모든 것을 조심스럽게 조사하였다. 따라서 그가 예수님께서 사역을 시작하셨던 나이를 숨기려 했던 것은 아닐 것이다. 성경을 공부하는 사람들이 예수님의 사역이 시작된 때에 대해 토론하였지만 AD 29년이 가장 타당시되었다. 누가는 그분이 사역을 위하여 잘 준비되었다는 것을 나타내기 위하여 '삼십세'라는 용어를 분명하게 사용하였다. 구약성경을 보면 30이라는 나이는 몇몇 사람들이 사역을 시작하였던 때이다(창 41:46; 민 4장; 삼하 5:4; 겔 1:1). 누가의 동정녀 탄생의 사실에 대한 명백함은 예수님께서 **사람들이 아는 대로는 요셉의 아들이었다**는 언급에서 보인다.

3:24~38 23~38절에는 하나님을 제외한 예수님과 아담을 포함하여 76인의 이름이 적혀 있다. 마태의 계보와는 반대로 누가의 계보는 예수님에서 시작되어 하나님께로 거슬러 올라간다. 마태는 아브라함에서부터 시

작하여 14세대씩 3대에 걸쳐 예수님을 향하여 전개했다. 다른 차이점들도 두 계보 사이에 존재한다. 누가는 아브라함 앞에 20명의 이름들을 포함시켰으며, 또한 그는 아담을 "하나님의 아들"이라고 서술하였다.

또한 다윗에서 스알디엘까지(포로기 동안에) 누가와 마태의 명부가 각기 다르다. 그것은 명부들이 다른 계열들을 따르기 때문이다. 누가는 나단을 지나서 다윗의 계열로 거슬러 올라갔고, 반면에 마태는 솔로몬을 지나서 그곳으로 갔다. 스룹바벨과 스알디엘의 아들에 이어서, 두 명부는 예수님의 아버지로 '생각되었던' 요셉에서 합해질 때까지 다시 한번 달라진다. 마태의 계보가 왕실의 법적 계열인 다윗 왕의 계열을 따랐던 것은 의심할 여지가 없다. 문제는 누가의 계보의 의미이다. 두 가지 주된 가능성이 존재한다.

1. 누가는 마리아의 계열을 좇았다. 많은 번역자들은 마리아 역시 다윗의 계열에 속했고, 예수님이 요셉(그가 제일 나이 많은 법적 후손이므로)을 통해서 뿐만 아니라 마리아를 통해서도 메시아로서의 자질을 부여받은 것을 보여 주기 위해 마리아의 계보를 구성했던 것이라고 주장한다.

2. 누가는 요셉의 실제적인 계열을 좇았다. 이 견해는 법적인 계열과 그를 통하여 예수님이 오신 바 되었고 예수님의 예언된 아버지였던 요셉과 만나게 된 다윗의 실제적인 계열을 포함한다. 이러한 견해에서 본다면, 요셉의 숙부였던 야곱은 자식이 없이 죽었을 것이다. 그러므로 요셉은 생존한 가장 가까운 후손이었을 것이다.

두 가지 견해가 모두 답변하기 힘든 문제점들을 가지고 있다. 족보가 스알디엘과 스룹바벨에서 만나고 갈라져서 요셉과 예수님에게서 함께 진행된다는 사실에서조차도 대답하기 힘든 문제점들을 가지고 있다(참조, 마 1:12의 주해). 개인의 견해에 관계없이 누가가 그의 계보 속에서 표현했던 신학적인 중요한 관점을 기록하는 것은 중요하다. 그는 예수님을 아브라함뿐 아니라 아담과 하나님께로 계속 거슬러 올라갔다. 이것은 구원의 범우주적인 요청을 가리킨다. 즉 예수님은 모든 사람들(이스라엘 민족은 물론 이방인들까지도[참조, 2:32])을 구원하러 오셨던 것인데 이것은 그의 복음에서 공통된 주제이다.

D. 시험받으신 예수님(4:1~13; 마 4:1~11; 막 1:12~13)

1. 성령에 의하여 광야로 인도되신 예수님(4:1~2)

4:1~2 누가는 그가 이야기를 중단했던 3장 23절에 이어서, 본문에서 주님의 사역의 준비에 대한 기록을 다시 시작한다. 예수님께서는 성령으로 충만하셨다(참조, 3:22; 4:14, 18). 재미있는 것은 성령께서 그를 광야로 인도하셔서, 그가 그곳에서 40일 동안 마귀에게 시험을 받으셨다는 것이다. 예수님께서 시험당하신 것으로 알려진 전통적인 지점은 사해 북서쪽의 한 메마른 지역이었다. '40일'의 주제는 구약성경에서부터 비롯된다(창 7:4; 출 24:18; 왕상 19:8; 욘 3:4). 예수님의 시험이 40일 동안 계속되었던 것은 우연이 아니라, 이스라엘의 방황과 시험이 광야에서 40년 동안 계속되었던 것과 동일하다. 예수님께서 사탄의 유혹에 대답하신 것은 신명기 6장과 8장에서 인용한 것으로, 그가 광야에서의 민족적인 경험에 관해 생각하고 계셨다는 것을 확실하게 보여 준다. 그렇지만 이스라엘 사람들이 광야에서 기적적으로 음식을 먹을 수 있었던 것과는 반대로 예수

님께서는 아무것도 잡수시지 못했다.

2. 육체적인 소욕의 범위 안에서 시험당하신 예수님(4:3~4)

4:3~4 예수님께서 극도로 허기지고 먹을 것이 필요하셨을 때(2절), 마 귀가 예수님에게 첫 번째로 생명을 유지하기 위해서 돌들이 빵이 되게 하 라고 유혹한 것은 놀라운 일이 아니다. 예수님은 신명기 8장 2절을 인용 하여 이 시험에 대적하셨는데, 그 구절에서 모세는 하나님께서 그들에 게 주셨던 만나를 백성들에게 상기시켰다. 비록 만나가 땅 위에 있었으 나, 그것은 여전히 백성들의 믿음을 시험하였다. 그들은 하나님의 말씀이 그들의 생존을 위해서 신뢰할 만한 것임을 믿어야만 했다. 만약에 만나 가 그들의 생명을 위한 하나님의 뜻이 아니었더라면 그들은 틀림없이 죽 었을 것이다. 또한 그들은 빵만으로는 살 수 없었다. 마찬가지로 예수님 께서도 하나님의 말씀을 아시고 그의 앞에 있는 계획을 아셨으며 자신의 생존에 대해서 아버지와 그의 말씀을 신뢰하고 계셨다. 예수님께서는 그 가 광야에서 죽지 않으리라는 것을 아셨다.

3. 영광과 권세의 범위에서 시험당하신 예수님(4:5~8)

4:5~8 마태가 기록한 두 번째와 세 번째 유혹은 누가에 의해서 순서 가 뒤바뀌었다. 이는 계속적인 시험이 있었다는 것을 가리킨다. 누가가 기록한 두 번째 유혹은 세상의 모든 왕국들을 다스릴 수 있다고 예수님 을 유인한 것이다. 그 조건은 예수님이 마귀를 숭배(프로스퀴네세이스 [προσχυνήσεις]. 직역하면, '~에게 무릎을 꿇다')해야만 한다는 것이다.

그러면 예수님은 세계의 지배권을 가질 수 있다. 그러나 그렇게 되면 예수님은, 하나님 아버지와 그의 계획보다는 오히려 사탄에게 의존해야 한다. 예수님은 유혹과 싸우기 위하여 모세에 대하여 언급하셨다. 그 구절에서(신 6:13) 모세는 백성들에게 그들이 마침내 그 땅에 들어가게 되어 영광과 권세를 획득하게 될 때의 그들의 자세에 대하여 경고하였다. 그것은 그들이 그들 자신을 찬양하게 만들고 하나님을 경배하는 것을 잊게 만드는 유혹이었다. 예수님께서는 그 구절을 인용하심으로, 그가 그러한 실수를 범하지 않으리라는 것을 보여 주었다. 그는 하나님을 신뢰했고, 자신을 위하여 그것을 취하지 않았다. 그는 이스라엘과는 대조적으로 실패하지 않으셨다.

4. 사역의 시기에 대하여 시험당하신 예수님(4:9~12)

4:9~12 마귀는 예수님의 사역의 시기와 구조를 변화시켜 보려고 시도하였다. 예수님은 그가 세상의 죄를 위하여 십자가에서 죽으셔야만 한다는 것을 아셨다. 그가 고난의 종(사 52:13~53:12)이라는 것을 아셨다. 마귀는 예수님에게 성전 꼭대기에서 뛰어내리라고 도전하였다. 이곳은 아마도 깊은 기드론 계곡이 아래로 내려다보이는 벽면의 남동쪽 모퉁이였을 것이다. 사탄은 예수님이 그렇게 뛰어내릴 때 기적적으로 보호되는 것을 보면 그 민족이 그를 즉시 받들 것이라고 말했다. 마귀는 심지어 메시아가 해를 받지 않고 안전히 보호될 것임을 나타내는 시편 91편 11~12절을 인용하기까지 했다.

그러나 예수님께서는 그것이 내포하고 있는 바를 경계하셨다. 십자가로 가지 않고서 사람들의 인정을 받고자 한다면, 과연 그 계획 속에 하나님이 정말로 계신지를 의심해 봐야 한다는 것이다. 그것은 바로 모세가 신명기 6장 16절에서 기록했던 것인데, 예수님께서는 그것을 인용하셨다. 모세는 하나님께서 진실로 그들과 함께 계신가 안 계신가 하는 문제로(출 17:7) 백성들이 방황하던 때를 회상하여 언급했다. 그러나 예수님께서는 하나님께서 그와 함께 계셨고 아버지의 계획과 시기가 완전하다는 사실을 확인하셨다. 그리하여 예수님께서는 사탄의 유혹에 넘어가지 않으셨다.

5. 예수님을 떠나는 마귀(4:13)

4:13 마귀가 떠났다. 그러나 영원히 간 것이 아니고, 다음 기회가 올 때까지 기다리러 간 것이다.

Ⅳ. 갈릴리에서의 예수님의 사역(4:14~9:50)

요한복음 1~4장을 보면 예수님께서는 갈릴리에서 사역을 하시기 전에 유다와 예루살렘에서 사역을 하셨다. 그러나 예수님의 초기 사역은 주로 갈릴리에서 이루어졌다. 갈릴리에서의 예수님의 사역에는 두 가지 목적이 있었다. 하나는 예수님을 확실히 알리는 것이고 또 하나는 그를 따를 제자들을 부르는 것이었다.

A. 예수님의 사역의 시작
(4:14~30; 마 4:12~17; 막 1:14~15)

이 17개의 구절은 예수님의 전체 사역을 통하여 발생한 사실을 누가가 요약해 놓은 것이다: 예수님은 자신을 메시아라고 선언하셨으며 (4:21), 유대의 청중들은 그들 스스로 하나님의 복을 받을 만큼 가치 있는 존재들이 못 된다는 사실을 드러내었고(28~29절), 복음이 이방인들에게도 전해졌다(24~27절).

1. 갈릴리에서의 예수님의 접대(4:14~15)

4:14~15 갈릴리로 돌아가시면서, 예수님은 성령의 능력(뒤나메이 [δυνάμει]: 영적인 능력) 안에 계셨다. 성령께서 그 위에 내려오셨고 (3:21~22), 성령에게 이끌려 사막으로(4:1) 인도되었고, '성령의 능력 안에서' 사역을 하고 계셨다. 성령의 능력은 예수님의 권능의 원천이었는데,

누가가 4~6장 속에서 열거하였다. 최초의 반응은 긍정적인 것이었다. 그분에 관한 소식이 두루 퍼졌으며 그들의 회당에서 가르치시는 것을 들었을 때 모든 사람이 그를 찬양하였다.

2. 고향 나사렛에서 거절당하신 예수님
(4:16~30; 마 13:53~58; 막 6:1~6)

4:16~30 예수님께서는 처음에는 인기 있는 교사이셨다. 그래서 자신의 고향으로 되돌아가셨을 때, 고향 회당에서 가르치신 것은 당연한 일이었다. 한 사람이 성경을 읽을 동안에는 서 있다가, 그 후에 읽었던 부분을 설명할 동안에는 앉아 있는 것이 회당에서의 관습이었다. 예수님께서 읽으셨던 성경 본문은 이사야서 61장 1~2절로 메시아의 구절이었다. 예수님은 주의 은혜의 해를 선포하라는 말씀으로 결론지었는데, 하나님의 신원에 관한 이사야 61장 2절의 다음 구절을 읽지 않고 구절의 도중에 멈추셨다. 오늘 이 성경의 말씀이 너희가 듣는 중에 이루어졌다.

예수님께서 덧붙여 말씀하실 때 그 의미는 분명하였다. 예수님께서는 자신이 그처럼 오랫동안 약속된 하나님의 나라를 가져다줄 수 있는 메시아라는 사실을 주장하신 것이었다. 그러나 그의 첫 번째 강림이 심판을 위한 때는 아니었다. 무리는 그의 가르침에 매혹되었고 **모든 사람의 눈이 그를 주목하였다**(4:20). 예수님의 말씀은 "주의 은혜의 해(즉, 왕국의 때)에 대한 요청이 그를 통하여 그들에게 이루어졌다(21절)"고 분명히 언급한 것이었다. 사람들은 그의 은혜로운 말씀(직역하면 '은혜의 말씀들')에 **놀랐다**(에다우마존[ἐθαύμαζον]: 놀라다, 경탄하다. 참조, 2:18의 주해).

그러나 그들은 즉시 이러한 일들을 말할 수 있는 권위에 대하여 의심하기 시작하였다. 어떻게 요셉의 아들(그들의 동리에서 자라던 것을 보아 왔던 그 소년)이 메시아란 말인가? 예수님은 그들이 반대하는 것을 의식하시고(4:23~24), 하나님께서 예언자들을 통해 이스라엘이 믿지 않을 때에는 이방인들에게 은총과 기적의 행위로 역사하신다는 두 가지 실례(엘리야와 사렙다의 과부[25~26절. 참조, 왕상 17:8~16], 그리고 엘리사와 나병 환자인 수리아인 나아만[4:27. 참조, 왕하 5:1~19])를 주지시켰다.

유대인들보다 오히려 이방인들이 하나님의 복을 받는다는 예수님의 말씀은 **사람들을 분노하게** 하였다(4:28). 그들은 그를 죽이려고 했지만, 그러나 그는 **군중 속을 곧바로 통과하여 걸어갔다**(30절). 누가는 성난 군중들로부터의 기적과 같은 탈출을 의심 없이 묘사하였다. 이러한 경향은 예수님의 사역의 나머지 전체에서 보인다: 예수님이 유대인들에게 갔다. 그들이 그를 배척하였다. 그는 왕국에서의 이방인의 참여에 대하여 말하였다. 어떤 유대인들이 그를 죽이고자 하였다. 그러나 그는 적절한 때에 그가 죽음을 선택할 때까지는 죽임을 당하지 않았다(23:46; 요 10:15, 17~18).

B. 예수님의 권위에 대한 인증(4:31~6:16)

그에 관하여 들었던 갈릴리의 나사렛 사람들과 또 다른 이들은 예수님이 무슨 권위로 이런 말들을 하는지 의아해하였다. 그리하여 예수님은 치유와 가르침으로 그의 권위를 입증하셨다. 또한 그의 존재와 그가 가르치심으로 인하여, 그는 제자들을 부를 권세를 가지셨다. 이 부분에서 그는 세 가지 유형의 치유를 행하셨고, 그때마다 한 사람 혹은 그 이상의 제자들을 부르셨다(5:1~11, 27~32; 6:12~16).

1. 예수님께서 치유와 가르치심에 의하여
스스로 권위를 나타내심(4:31~44)

a. 예수님께서 더러운 영을 가진 사람을 고치심
(4:31~37; 막 1:21~28)

4:31~37 예수님께서 가신 곳은 가버나움이었다. 이곳은 고향 땅 나사렛이 그를 배척한 이래로 예수님이 고향으로 삼으셨던 곳이다. 가버나움은 또한 베드로와 안드레의 고향이었다(38절). 사람들은 다시 그의 메시지에 권위가 있었으므로 그의 가르침에 놀랐다(엑세프레쏜토[ἐξεπλήσοντο]: 직역하면, "그들의 지각에 충격을 받다." 이것은 2장 48절, 9장 43절에서도 사용되었다. 에다우마존[ἐθαύμαζον]: 놀라다, 경탄하다. 4:22. 참조, 36절). 그 권위를 인증하기 위하여, 예수님은 나사렛에서의 가르침이 진실이었다(참조, 18~19절)는 것을 나타내는 치유의 기적들을 행하셨다.

귀신(악령) 들린 한 남자가 회당 안에 있었다. 누가는 대부분 헬라적인 배경을 가지고 있던 사람들에게 이 글을 썼다. 당시의 사람들은 착한 귀신과 악한 귀신이 있다고 생각했으므로 누가는 이 귀신이 악했다는 사실을 명백히 하였다. 이 귀신은 예수님을 알아보고, 그분을 나사렛 예수님과 하나님의 거룩하신 분(34절)이라고 불렀다. 복음서에서 큰 소리로 외치는 것은 귀신 들린 사람의 특성인 것 같다. 예수님께서 귀신을 내쫓으신 사실은(35절) 사람들을 놀라게 하였다(직역하면, "놀라움이 모두에게 임했다." 36절). 무리는 예수님께서 귀신들을 지배하는(참조, 9:1) 권세(엑수시아[ἐξουσία])와 힘(뒤나메이[δυνάμει])을 가지신 것에 주목하였다. 그리하여 예수님의 명성이 근처 사방에 퍼지게(4:37) 되었다. 이것은 예수님의 세 번째 기적이었다(요한복음 2장 1~11절의 기적 목록을 보라).

b. 시몬의 장모를 고치신 예수님
(4:38~39; 마 8:14~15; 막 1:29~31)

4:38~39 마가와 누가 두 사람은 회당에서의 첫 번째 기적 이후에 즉시 발생했던 그 다음의 기적을 연결시켰다. 시몬의 장모는 심한 **열병**을 앓고 있었는데 예수님의 말씀으로 **열병이 그녀로부터 떠나갔다.** 이러한 경우들을 보면 고통의 원인이 제거되었을 때에 그 외의 사건이 그 사람에게 일어나지는 않았다. 귀신이 그 남자를 해치지 않고 떠났으며(35절), 시몬의 장모가 즉시 그들에게 수종 들 수 있도록 열병이 떠났다(39절). 그녀는 약화된 상태로 남겨진 것이 아니고 완전히 나은 것이다.

c. 병자와 귀신 들린 자를 고치신 예수님
(4:40~41; 마 8:16~17; 막 1:32~34)

4:40~41 병자를 고치시는 예수님에 관한 소식이 그토록 빨리 퍼졌으므로 같은 날 밤에 **사람들이 병 나음을 얻기 위하여** 그에게 오기 시작하였다. 그들은 해 질 무렵에 왔는데 그때는 안식일이 끝난 때였다. 그 시간 이전에 환자를 수송하는 것은 불법이었던 것이다. 귀신들이 많은 사람에

게서 나가면서, "당신은 하나님의 아들입니다!"라고 소리를 질렀다. 예수님께서 꾸짖으신 이유는 귀신들이 그를 그리스도, 즉 메시아로 알아볼 수 있게 하기 위하여 그가 지상에 오신 것이 아니었기 때문이다. 그는 사람들에게 인정받기 위하여 오신 것이었다.

d. 더 커다란 사역에 관하여 말씀하신 예수님
(4:42~44; 막 1:35~39)

4:42~44 예수님은 그가 성취해야 할(참조, 18절) 사역이 있다는 것을 백성들에게 제시하셨다. 이스라엘 나라의 남은 자에게 하셔야 할 사역이 있었다. 예수님께서 가버나움에서 받았던 대접은 그의 고향 나사렛에서 받았던 대접과 크게 대조되었다. 가버나움의 백성들은 그가 머무르시기를 원했지만, 그는 하나님 나라의 좋은 소식을 다른 곳에서도 전해야 하셨다. 예수님의 사역에서 강조된 것은 병 고침이 아니라 전도였다. 그가 백성들에게 연민을 가진 것은 사실이나 그의 치유 사역은 그의 말씀들을 확실하게 하는 부수적인 도구로써 쓰인 것이었다(마 11:2~6). 그가 유대의 회당에서 계속 복음을 전하셨다고 하는 누가의 요약은 그런 측면에서 해석되어야만 한다. '유대'(유다이아스[ʼΙουδαίας])는 단지 남쪽 지방만을 의미하는 것이 아니라 아마도 전국(유대인의 땅)을 언급하는 것이리라. 예수님께서 가시는 곳마다 그가 주의 은혜의 해를 전파하러 오신 메시아라는 것을 계속해서 가르치셨다는 것이 누가의 요지이다(4:18~19).

2. 첫 번째 제자들을 부르심으로 권위를 증명하신 예수님
(5:1~11; 마 4:18~22; 막 1:16~20)

여기에 기록된 사건은 예수님께서 자신의 제자로서 부르셨던 사람과 접촉하였던 첫 번째 사건은 아니었던 것이 분명하다. 누가는 이미 예수님께서 이전에 시몬과 안드레와 접촉했음을 보여주는 시몬의 장모를 고치셨던 사건을 기술하였다. 이것으로 볼 때 예수님께서는 적어도 세 번 정도 이 사람들과 접촉했던 것 같다. 요한복음 1장 41절에서 안드레는 베드로에게 그가 메시아를 발견하였다고 말했다. 명백히 첫 번째의 사람들은 '모든 시간'(full-time)을 바쳐서 예수님을 따르지는 않았는데, 왜냐하면 마가복음 1장 16~20절(마 4:18~22)에서 예수님은 시몬, 안드레, 야고보, 그리고 요한을 부르셨기 때문이다. 마가는 그러한 부르심이 예수님께서 가버나움 회당의 귀신 들린 한 남자를 고치시기 전이었다고 기록하였다. 베드로가 회당 사건 이후에 예수님을 집으로 초대한 것은 놀라운 일이 아니다.

시간이 어느 정도 흐른 이 순간에도 베드로와 다른 사람들은 여전히 어부였다. 이제 예수님께서 자신의 권위를(4:31~44) 세우시고, 이 사람들을 전 생애(full-time)의 제자로서 부르셨다.

5:1~3 너무 많은 무리가 예수님의 주위로 몰려들어서, 예수님은 북쪽 해변의 마을에 있는 **게네사렛**(갈릴리의 다른 이름) **호숫가**에 서서 효과 있게 가르치시는 일에 지장을 받게 되었다. 그래서 주께서는 그들이 모두 하나님의 **말씀**을 들을 수 있도록 시몬의 배에 오르셨다.

5:4~7 예수님의 요구에 의하여 시몬은 그의 그물을 던져서 아주 많은 고기 떼를 잡았다. 시몬은 경험이 많은 어부였고 고기가 호수 속에 깊이 있을 그 시간에는 아무것도 잡을 수 없을 것이라고 확신하였음에도 불구하고 그는 예수님의 말씀에 복종하였다. 이것은 상당한 믿음의 분량을 보여 주는 것이다. 잡은 물고기로 인하여 그물이 찢어지게 되자, 그들은 시몬의 배와 또 다른 배에 고기를 채웠는데 고기가 너무 많아서 그 배들이 가라앉을 정도였다.

5:8~11 이 기적을 본 베드로와 다른 사람들은 두 가지 반응을 보였다. 그들은 많은 고기를 잡은 것에 놀랐으며(직역하면, "놀라움이 그를 사로잡았으며 그 모든 것들이 그와 함께 있었다." 9절. 참조, 4:36), 베드로는 예수님 앞에서 그의 죄성을 시인했다(5:8). 그 결과 예수님께서는 그 어부를 사람을 낚는 어부로 만드셨다.

예수님의 가르침은 그의 기적 행위와 결합하여 사람들을 부르고 모든 것을 떠나면서 응답하게 하는 권세를 가졌다는 사실을 보여 주었다.

3. 더 많은 병 고침으로 그의 권위를 나타내신 예수님 (5:12~26)

다음의 두 가지 치유로 종교적인 체제에 대치하게 되었는데, 첫 번째 충돌은 누가복음에 기록되어 있다. 두 가지 치유는 예수님께서 메시아라는 주장을 확증시켰다(4:18~21).

a. 나병 환자에 대한 예수님의 치유
(5:12~16; 마 8:1~4; 막 1:40~45)

5:12~16 예수님은 온몸에 나병 들린(직역하면 "나병으로 가득한") 한 남자와 대면하게 되었다. 그는 쉽게 식별될 수 있었던 것으로 보아 나병의 마지막 단계에 있었던 것 같다. 율법(레 13장)은 나병이 걸린 사람들을 분명하게 격리시키라고 명하였다. 왜냐하면 그것은 불결의 한 모형이었기 때문이다. 나병에 걸린 사람은 성소 중앙에서는 예배를 드릴 수 없었다. 그는 의식적으로 불결하였으므로 그 공동체에서 분리되어 있었다.

이 나병 환자는 시몬이 그랬던 것처럼(5:8) 예수님을 주(퀴리에 [κύριε])라 불렀다. 비록 그 용어가 오늘날 사용하는 '선생'과 같은 의미로 자주 쓰였지만, 여기에서는 더 강한 중요성을 가진 듯하다. 나병 환자는 그를 고칠 수 있는 예수님의 능력을 의심하지 않았다. 왜냐하면 그가 "만약 당신이 원하신다면 당신은 저를 깨끗하게 하실 수 있습니다"라고 말했기 때문이다. 그는 단지 예수님의 의지만을 자신의 치유의 조건으로 생각한 듯이 보인다.

모세의 율법에 의하면 나병에 걸린 사람은 의식적으로 깨끗한 어느 누구와도 닿으면 안 된다. 깨끗한 사람이 깨끗하지 못한 것을 만졌을 때, 깨끗한 사람은 깨끗하지 못한 사람이 된다. 누가는 예수님의 행위들을 묘사하는데 있어서, 예수님이 의식(儀式)적인 깨끗함의 근원이시라는 것을 보여 주었다. 만약 그가 나병 환자에게 깨끗함의 근원이었다면, 그는 국가를 위하여서도 의식적인 깨끗함의 근원일 수 있을 것이다.

이 주제는 다음의 치유 사건(17~26절)을 통해서, 그리고 레위를 부르심에 있어서도 계속된다. 예수님의 만지심으로 즉시 나병이 그를 떠났다.

즉각적인 치유로 4장 35절과 39절에서는 정신이 되돌아오게 되었다. 성경은 나병이 치료되었던 예로서 미리암(민 12장)과 나아만(왕하 5장)을 기록한다(참조, 모세. 출 4:6~7). 그러므로 어떤 사람이 깨끗해짐 때문에 제사장 앞에 그 자신을 나타내고 제물을 바치게 되는 것은 절대로 흔한 일이 아니었다. 나병으로부터 깨끗해짐에 대한 봉헌을 위한 가르침은 레위기 14장 1~32절에 제시되어 있다. 누가복음 5장 14절에서는 그들에 대한 증거로서라는 구절을 강조하였다(개역개정은 "그들에게 입증하라"로 되어 있음-편집자 주). 나병으로부터 치유된 것을 주장하기 위하여 어떤 사람이 제사장에게 가야 할 때에는 어떤 새로운 일이 이스라엘에 생겼다는 것을 종교 지도자들에게 알려 주어야만 했다.

왜 예수님께서 그에게 아무에게도 말하지 말라고 명하셨을까? 아마도 두 가지 이유 때문일 것이다. (1) 그 사람은 증인이 되기 위하여 즉시 제사장에게 가야만 했다. (2) 예수님의 치유 능력에 대한 소식이 널리 퍼지게 되면 예수님은 계속해서 많은 사람들에게 둘러싸여서, 그분의 활동이 제약받을 수밖에 없게 될 것이기 때문이다.

b. 중풍 병자를 고치시고 죄를 사하여 주신 예수님
   (5:17~26; 마 9:1~9; 막 2:1~12)

5:17~26 중풍 병자를 고치시고 죄를 사하여 주신 것은 다른 사람들을 의식적으로 깨끗게 만드신 예수님의 권위와 힘을 더욱 증거한 것이다. 누가는 많은 종교 지도자들이 그때에 참석하였다고 기록하였는데, 아마도 가장 영향력이 있었던 **예루살렘**으로부터 온 어떤 사람이 그 속에 포함되었다. 누가는 그가 기록했던 이전의 사건 뒤에 잇따라 발생한 이 치유

에 대하여 묘사하지 않았다. 그것은 그의 논증 속에서 전개될 때에 나란히 두 이야기를 배열하였던 것으로 보아 분명하다.

병자를 고치시는 하나님의 능력(뒤나미스[δυνάμις]: 영적인 능력)이 그에게 나타났다는 진술은 누가의 독특한 표현이다(참조, 마 9:1~8; 막 2:1~12). 누가는 예수님의 치유를 묘사하기 위하여 여러 경우에서 뒤나미스(δυνάμις)를 사용하였다(참조, 4:36; 6:19; 8:46). 예수님의 치유 사역 때문에 이제 많은 사람들이 예수님을 따라다니며 그가 가는 곳이라면 어디든지 함께하였다. 그래서 중풍 병자를 운반하고 있었던 사람들은 그를 그 집의 **지붕**을 통해 운반하여야 했다. 그들은 **기와** 몇 장을 들추어 낸 다음, 그 환자를 예수님의 앞에 내려놓았다. 예수님께서는 **믿음**을 기적과 연관시키셨다(5:20. 이것은 7:9; 8:25, 48, 50; 17:19; 18:2와 마찬가지의 경우이다). 예수님께서 말씀하셨던 "그들의 믿음"은 또한 중풍 병자를 포함한 것으로 추측할 수 있다.

놀랍게도 예수님께서는 그 남자의 몸을 즉시 고쳐 주시지 않았다. 대신에, 먼저 그의 **죄들**을 용서해 주셨다. 이것은 이 부분의 논증을 위해서 매우 중요한 일이다. 왜냐하면 누가의 요지는 예수님이 제자들을 부를 권세를 가지셨다는 것으로서, 제자에는 의롭다고 생각되지 않았던(레위와 같은) 사람들도 포함되었기 때문이다. 종교 지도자들은 그들이 하나님과 올바른 용서의 관계를 갖고 있기 때문에(참조, 7:49) 즉각적으로 예수님의 말씀이 **신성 모독**적이라고 생각하기 시작했다. 예수님은 종교 지도자들이 필연코 바로잡아야 할 것을 지적하셨다.

그 후 그 남자에게 베푸신 예수님의 치유는 예수님이 **죄를 사하는 권세**를 갖고 계시므로 하나님으로 받아들여져야 한다는 피할 수 없는 증거가 되었다. 누구라도 네 죄가 사하여졌다고 말할 수는 있었다. 그런 의미에서 이말은 일어나서 걸으라고 말하는 말보다 더 쉬운 말이었다. 왜냐하면 만약 누군가가 고칠 수 있는 능력을 갖지 못하고 일어나 걸으라고 한다면 모든 사람들이 그 누군가의 능력 없음을 즉시 알았을 것이기 때문이다. 예수님의 용서하심과 병 고치시는 기적을 본 모든 사람들은 그들이 신기한 일들(파라독사[παράδοξα]: 평범하지 않은 일들)을 보았다는 것을 알고서 놀라며(직역하면, "놀람을 당하다") 두려워(포부[φόβου]: 경건한 두려움)했다.

4. 세리를 부르셔서 권위를 나타내신 예수님
(5:27~39; 마 9:9~17; 막 2:13~22)

5:27~39 레위를 부르신 일은 이전의 두 기적의 절정을 이루었다(레위는 마태복음 9장 9절에서 마태라고 불렸다). 예수님께서는 당신이 사람을 의식으로 깨끗하게 만들 수 있고 죄를 용서하실 수 있는 권세를 가지고 계시다는 것을 나타내셨다. 이제 그 두 가지 권세는 그분의 제자가 되어야 했던 한 사람을 낳게 하였다.

누가는 언급하지 않았지만 레위는 세리였다. 세리라는 직업 때문에 레위의 생활은 종교적인 공동체로부터 멀어졌다(참조, 5:29~31). 그는 물질적 이득 때문에 나라를 배반한 사람처럼 보였다. 왜냐하면 세리들은 유대인들로부터 돈을 거두어서 이방인인 로마 사람들에게 주었기 때문이다. 그래서 일할 필요가 없었다(참조, 3:12~13). 레위는 메시아라고 주장하는 분의 제자가 되기에는 알맞지 못한 후보자인 것같이 보인다. 예수님께서는 그에게 나를 따르라고만 말씀하셨다. 그러자 레위는 그의 생활 양식을 깨뜨렸다. 그리고 모든 것을 버리고 예수님을 따랐다. 레위의 반응은 어부와 같은 것이었다(5:11).

누가의 요점은 예수님을 따르려는 레위의 결단의 이야기를 여기에서 중단했어도 명백하였을 것이다. 그러나 요점을 잘 이해시키기 위하여 누가는 예수님의 새로운 추종자인 레위가 예수님을 위해 베풀었던 연회에서 발생했던 사건들을 연결시켰다. 큰 잔치가 그의 집에서 열렸고 **많은 무리의 세리들을 포함한 많은 손님들이 초대되었던 점으로 보아 레위는 부유한 사람이었음에 틀림없다.**

전에 예수님의 권세(21절)에 대하여 질문했던 종교 지도자들이 세리와 '죄인들'과 함께 교제를 나누는 예수님의 정당성에 대하여 질문하였다. 예수님께서는 바리새인들이 반대했던 사람들과 교제하셨을 뿐 아니라, 그들과 함께 먹고 마시기까지 하셨다. 다른 사람들과 먹고 마시는 일은 그들과의 우정이나 우애를 의미한다. 비록 종교 지도자들이 **예수님의 제자들에게 불평하였지만 예수님께서 직접 그들의 반대 의사에 답변하셨다** (31~32절). 그는 의인을 부르려는 것이 그의 목적이 아니라, **죄인을 불러 회개시키려는 것이 목적임을 밝히셨다.**

이 말씀의 요점은 예수님의 사명이 '의인'에 관하여 논하는 데 있는 것이 아니라 오직 '회개' - 마음의 변화와 생활의 변화(참조, 3:7~14) - 가 필요한 자들에게 있다는 것이다. 그러나 바리새인들은 그러한 변화에 대한 필요성을 느끼지 못했다. 이 기사에 선행된 두 가지의 치유 속에서 예수님이 자신의 권위를 나타내셨고, 그것은 그분이 그의 사역을 죄인들에게서 성취할 수 있었다는 것을 보여 주신 것인데도 불구하고 말이다.

5장 33절에서 예수님께 제기된 질문은 어떤 면에서 문제가 있어 보인다. 만약에 바리새인들과 종교 지도자들이 여전히 이야기하고 있었다면, 그들이 **바리새인들의 제자들**임에도 그들 자신의 제자들을 언급하였다는 것은 이상한 것처럼 보인다. 하지만 예수님의 이 가르침이 다른 배경에서 행해진 것이라 해도 누가가 이 부분의 목적을 위하여 끌어왔다고 보는 것은 가능하다. 그들이 참소한 내용은 예수님과 그의 제자들이 금식하기를 거절했다는 것이다. 이러한 거절은 의로운 사람들로 여겨졌던 요한의 제자들과 바리새인의 제자들과는 상반되는 행위였다. 새로운 방법(예수님의 방법)과 옛날의 방법(요한과 바리새인의 방법)은 전혀 섞일 수 없다는 것이 예수님의 답변이었다. 그는 여기에 대해 세 가지 예를 들었다.

1. 신랑의 손님들은(참조, 요 3:29) 그가 그들과 함께 있는 동안은 금식하지 않는데 그것은 그때가 즐거운 시기이기 때문이다. 그들은 그가 가버린 후에 뒤늦게 금식한다.

2. 줄지 않는 새 옷의 조각을 낡은 옷 위에 대지 않는다. 왜냐하면 더 나쁘게 줄어들고 찢어질 것을 방지하기 위해서이다.

3. 새 포도주를 낡은 가죽 부대에 넣지 않는 것은 포도주가 발효되면 그 낡은 가죽을 터뜨릴 것이기 때문이다. 그렇게 되면 포도주와 가죽이 둘 다 못쓰게 될 것이다.

각각의 경우에 있어서 두 가지 요소는 절대로 섞이지 않는다: 잔치할 때와 금식할 때(34~35절), 새 옷의 조각과 낡은 옷(36절), 새 포도주와 낡은 가죽 부대(37~38절). 자신의 방법과 바리새인들의 방법이 결코 섞이지 않는다는 것을 예수님께서는 유의하고 계셨다. 바리새인들은 옛 방법이 더 낫다고 생각했기 때문에 새로운 방법 사용하기를 거절하였다. 예수님의 가르침은 바리새인들과 종교 지도자들에 의해 새 포도주인 것같이 생각되었고, 그들은 거기서 아무런 몫도 원하지 않았다(39절).

5. 안식일에 권위를 증거하신 예수님(6:1~11)

누가복음 6장 1~11절에서 누가는 안식일에 일어났던 두 가지 사건을 기록하였는데, "안식일"(1절)과 "또 다른 안식일"(6절)에서였다. 그 이야기를 한 단원으로 묶은 누가의 요지는 예수님께서 안식일을 다스리는 권세를 가지셨다는 것을 보여 주는 데에 있다.

a. 안식일에 밀 이삭을 자른 제자들
(6:1~5; 마 12:1~8; 막 2:23~28)

6:1~5 예수님의 제자들이 밀 이삭을 잘라, 그것들을 손으로 비벼서 먹었다. 하나님은 백성들이 이웃의 들을 지나갈 때 곡식을 줍는 것을 허락하셨다(신 23:25). 그러나 율법을 엄격히 해석하여서, 곡식을 먹기 위하여 이삭을 함께 비비는 것은 타작에 해당한다고 보았다. 타작 행위는 안식일에 허락되지 않는 것이었다.

예수님께서는 바리새인의 반대에 대하여 사무엘상 21장 1~9절을 들어 대답하셨다. 다윗은 놉에서 제사장들을 방문하고 빵을 구하였다. 그때에 이용할 수 있었던 유일한 음식은 제사장들만이 먹을 수 있었던 거룩한 빵이었다. 다윗은 빵을 얻었고, 그것을 그와 그의 동료들이 먹었다. 예수님의 가르침이 비교하는 바는 분명하다. 생존의 관점에서 다윗과 그 일행은 제사장의 축복과 함께 율법을 초월하도록 허락되었다. 그리스도와 그의 일행은 역시 바리새인들이 주장했던 인간이 만든 율법 위에 있었다.

예수님의 가르침 속에 내포된 또 다른 비교는 간과될 수 없다. 다윗은 하나님의 기름 부음을 받은 자였는데, 몰락하는 사울 왕조의 군대에 의

해 추격되고 있었다. 예수님은 죽어 가는 왕조의 힘으로 추적되어 하나
님의 새로운 기름 부음을 받은 자셨다(참조, 5:39). 궁극적인 결론은 예
수님이 안식일의 주인이시라는 것이다. 즉, 그는 심지어 율법의 문제들도
다스릴 수 있는 권세를 가지셨다.

b. 안식일에 사람을 고치신 예수님
(6:6~11; 마 12:9~14; 막 3:1~6)

6:6~11 안식일에 관한 이 두 번째 목록은(1~5절의 첫 번째의 일과 비
교) 바리새인들과 율법 교사들에 의해 의도적으로 발생되었던 것 같다. 예
수님께서 회당에서 가르치고 계실 때에 한 남자를 만났는데 그는 오른손
이 마른 사람이었다. 종교 지도자들은 예수님을 고소할 이유를 찾고 있었
기 때문에 예수님을 관찰하고 있었다. 종교 지도자들이 이전에 반대했
을 때와 마찬가지로 이번에도 예수님께서는 그들이 생각하였던 바를 아셨
다(5:22). 예수님은 안식일을 넘어서는 권세를 가지셨다는 것을 보여 주기
위하여 상황을 이용하셨다.

예수님께서는 "내가 너희에게 묻노니 안식일에 선을 행하는 것과 악
을 행하는 것, 생명을 구하는 것과 죽이는 것, 어느 것이 옳으냐?"고 말
씀하신다. 이 질문에 의하여 그는 안식일에 착한 일을 하는 것을 거절하
는 것은 악한 일을 하는 것과 동등한 일이라는 것을 보여 주셨다. 만약에
고통을 덮어 주지 못한다면 그는 고통 받는 이에게 악을 행하는 것이다.

그 남자가 예수님의 명령을 따라 그의 손을 펼 때, 손은 완전히 회복되
었다. 예수님께서는 안식일에 아무런 '일'도 하지 않으셨다. 단지 몇 마디
의 말씀을 하셨을 뿐인데 손이 완전히 회복되었다. 그는 바리새인들의 율

법을 어기지 않으면서, 종교 지도자들에게 굴욕감을 느끼게 함과 동시에 그 남자를 치료하셨다. 이에 종교 지도자들이 분노하여 그를 제거할 방법을 찾았던 것은 당연하다.

6. 열두 제자를 부르심으로 권위를 나타내신 예수님
(6:12~16; 마 10:1~4; 막 3:13~19)

6:12~16 예수님께서 열두 제자들을 택하시기 전에, 기도하며 밤을 새셨다. 예수님께서는 많은 제자들 중에서 자신에게 가까이 있었던 열두 사람을 택하셨다. 이들은 특별히 제자들(마데타스[μαθητάς])이라는 용어와 상대되는 **사도들**(아포스톨루스[ἀποστόλους])이라는 말로 불렸다. 제자들은 추종자들이었지만, 사도들은 위임권을 가진 전파자로서(참조, 9:10; 17:5; 22:14; 24:10의 사도들) 보냄을 받은 사람들이었다. 누가의 12인의 명단 속에서(마태와 마가의 명단과 마찬가지로) 베드로는 첫 번째로 기록되었고 **가룟 유다**는 끝에 있었다. **바돌로매**는 나다나엘이 틀림없으며(요 1:45), 레위와 마태는 같은 사람이고, 다대오(막 3:18)는 유다로 야고보의 아들이다. 예수님의 사역은, 이 사람들이 보여 주었듯이, 그들을 부르신 당신의 권위를 증명하셨다. 그들은 전 생애를 두고 예수님과 함께 지내며, 이제 사도로서 기꺼이 파송되려 하고 있었다.

C. 평지에서의 예수님의 설교(6:17~49; 마 5~7장)

6:17~19 17~49절에 기록되어 있는 설교는 마태복음 5~7장에 기록되어 있는 산상수훈의 구절 수보다는 짧다. 예수님은 두 설교를 제자들에게 하셨는데, 복으로 시작하여 똑같은 비유들로 결론지어졌으며, 대체적으로 같은 목차를 갖고 있다. 그러나 누가복음에서는 설교의 '유대인 부분'(즉, 율법의 해석)이 생략되어 있다. 이것은 누가의 의도에 잘 부합된다. 똑같은 설교를 반영하는 이 기사들을 보는 데 있어서의 문제점은 설교가 이루어진 장소에 있다. 마태는 예수님께서 '산 위에' 계셨다고 기록하였는데(마 5:1), 반면에 누가는 예수님께서 **평지**에 계셨다고 말하였다(6:17).

사건들의 결과에서 문제는 쉽게 풀린다. 예수님께서는 밤새워 기도하시기 위해 가버나움 근처의 '언덕'으로 올라가셨다(12절). 그는 자신의 사도들인 열두 제자들을 부르셨다. 그리고 말씀하시고 질병들을 고치시기 위하여 평지로 내려가셨다(17~19절). 그 이후에 그는 군중들을 떠나 그의 제자들에게 가르치시려고 더 높이 올라가셨다(마 5:1). 무리는(마 7:28; 눅 7:1) 산에 올라와서 그의 설교를 들었는데, 설교의 끝 부분에서는 예수님이 말씀들을 설명하셨다(마 7:24; 눅 6:46~47).

1. 복과 화(6:20~26)

예수님께서는 그의 말씀을 듣는 자들에게 '복'과 '화'에 대한 설교를

시작하셨다. 그 조목들은 네 개씩 두 조로 배열되어 있는데 서로 대구를
이룬다.

a. 복(6:20~23)

6:20~23 "복이 있다"(마카리오이[μακάριοι])는 개념은 공관복음서에
공통적인 것으로서 30번 이상 나와 있다. 그중에서 두번의 경우를 제외
하고는 모두 마태복음과 누가복음에 있다. 근원적으로 단어의 헬라적인
사용법으로 지상의 고통과 노동의 위에 있는 신들의 행복한 상태를 묘사
하였다. 나중에 그것은 인간이 경험할 수 있는 어떤 긍정적인 조건을 의
미하게 되었다. 성경의 저자와 달리 헬라의 저자들은 행복을 지상의 선
과 가치들로부터 유도하였다. 구약의 저자는 진실로 복 받은 (또는 행복
한) 개인은 하나님을 신뢰하는 사람, 그분을 소망하고 기다리는 사람, 그
분을 두려워하고 사랑하는 사람(신 33:29; 시 2:12; 32:1~2; 34:8; 40:4;
84:12; 112:1)으로 인식하였다. 공식적인 복은 하나님과 사람 앞에서 행
복한 상태로 인정되는 것이었다(시 1:1; 잠 14:21; 16:20; 29:18).

　신약에서의 복은 서정적인 힘이 있다. 신약 사람들은 자주 잘못된 지
상적 평가와 진실로 복 받은 사람의 진실된 하늘의 평가를 대조한다(마
5:3~6, 10; 눅 11:28; 요 20:29; 벧전 3:14; 4:14). 모든 세속적인 선과 가
치들은 하나의 완벽한 선이신 하나님 한 분에 영합되는 것이다. 이것은
모든 인간적 가치와 반대가 된다. 복은 미래의 빛 가운데에서 현재를 선
사한다(참조, 눅 23:29).

　예수님께서는 사람들이 자신을 따를 때 그로 인하여 복을 받거나 행
복한 네 가지 조건들에 관하여 말씀하셨다. "가난한 자는 복이 있나니

… 지금 주린 자는 복이 있나니 … 지금 우는 자는 복이 있나니 … 인자로 말미암아 사람들이 너희를 미워하며 … 복이 있도다"(6:20~22). 각각의 경우에, 왜 그러한 사람들이 복되거나 또는 행복한가를 설명해 주는 절이 첨가된다. 가난한 사람이 행복한 것은 하나님의 나라가 그의 것이기 때문이다. 마태는 "마음이 가난한 사람"이라고 서술하였으나 누가는 단지 "가난한"이라고 썼다. 예수님의 말씀을 듣는 사람들은 물질적으로 가난했다. 누가는 예수님을 따랐던 사람들이 모든 것을 버리고 떠났다는 것을 이미 두 번이나 언급하였다(5:11, 28).

'하나님의 나라' 속에 그들이 포함되는 것에 관한 예수님의 설명은 그들이 그 나라로 인도하시는 능력을 전파하시던 분을 따랐기 때문에 언급이 되었다. 그들은 예수님의 말씀이 진리임을 믿고 자신들이 가지고 있는 모든 것을 걸었다. 그들은 그의 새로운 방법을 따랐다(5:37~39). 예수님의 말씀은 모든 가난한 사람들이 하나님의 나라 안에서 어떤 역할을 차지한다는 약속이 아니라 그를 따르는 자들을 위한 사실에 대한 진술이었다. 그들은 가난하였고 그들의 유일한 소유는 하나님의 나라였다. 그들에게 훨씬 더 편했던 것은 가난해지는 것, 예수님을 따르는 것, 그리고 부유해져서 그 나라의 한 분량을 갖지 않는 것보다는 하나님 나라의 한 분량을 차지하는 것이었다. 그것이 그들이 복된 이유이다.

그 다음의 설명적인 두 구절들은 미래에 성취될 것들을 알려 준다. 굶주린 자는 **만족하게 될 것**이며, 우는 자들은 **웃을 것**이다. 예수님을 따랐기 때문에 굶주리고 또 울어야 했던 사도들은 그를 믿는 그들의 믿음으로 인하여 결국에는 신임을 받게 될 것이다.

마지막 복은 **인자로 인한 박해**와 관련되어 있다. 이것은 사도들에게 자연스러운 과정이 되어야 한다. 그들은 미움 받고, 배척되고, 모욕받고,

거절되기 일쑤였다. 하지만 그들은 자신들에 대한 하늘에서의 보상 때문에, 그리고 그들이 예언자들(즉, 하나님을 대변하는 사람들. 참조, 6:26)의 자취를 따르고 있었기 때문에 행복하게(복을 받게) 될 것이다.

b. 화(6:24~26)

6:24~26 예수님을 따르기 위하여 모든 것을 포기했던 제자들과는 대조적으로 그분을 따르기 위해서 어떠한 것도 포기하기를 거절했던 사람들이 있었다(참조, 18:18~30). 이들은 부유하였고 잘 먹는 사람들이었으며, 늘 웃는 사람들로서 인기 있던 사람들이었다. 그들은 자신들이 직면하였던 상황의 중대성을 이해하지 못했다. 그들은 자신들을 그 나라로 인도하실 수 있는 분을 따르기를 거절하였다. 그러므로 예수님께서는 그들에게 화를 선언하셨다. 이 화들은 그들의 일시적인 이익들에 대한 정확한 반전이었다. 그리고 그것들은 6장 20~23절에 인용되었던, 예수님을 따르는 자들에게 임할 복과 보상들과 정확하게 상반되었다.

2. 진정한 의(6:27~45)

a. 사랑에 의하여 나타난 진정한 의(6:27~38)

6:27~38 예수님께서는 무조건적인 사랑의 일곱 가지 측면들을 언급하셨다. 이러한 행위들은 인간적인 본성에 의하여 자연적으로 이루어졌던 것이 아니고, 초자연적인 능력이 요구되는 것이다. 따라서 진정한 의의 증거가 된다.

1. 너희 원수를 사랑하라.

2. 너희를 미워하는 사람들에게 선을 행하라.

3. 너희를 저주하는 사람들을 축복하라.

4. 너희를 학대하는 사람들을 위하여 기도하라.

5. 보복하지 말라(29절).

6. 아낌없이 주어라(29절 중~30절).

7. 너희가 대접을 받고자 원하는 대로 남에게 해 주어라(31절).

이러한 사랑의 유형은 사람을 구별 지으며(32~34절), 하늘에 계신 아버지와 똑같은 성품을 갖게 한다(35절).

예수님께서는 그 후에 그를 따르는 자들에게 우주의 기본적인 법칙(심는 대로 거둔다[36~38절. 참조, 갈 6:7])을 가르치셨다. 예수님께서는 씨 뿌림과 거둠의 주제에 관한 증거였던 다섯 가지 범위를 구분하셨는데, 이는 성경에 매우 자주 언급되었다.

1. 자비는 자비를 낳게 할 것이다(6:36). 제자들은 하나님께서 그들을 향해 나타내셨던 것과 똑같은 자비의 자세를 갖도록 권고받았다.

2. 비판은 비판을 낳게 할 것이다(37절 상).

3. 정죄는 정죄를 낳게 할 것이다(37절 중).

4. 용서는 용서를 낳게 할 것이다(37절 하).

5. 주는 것은 받음을 낳게 할 것이다(38절).

그것은 어떤 태도와 행위가 자주 그 자신에게 되돌아온다는 단순한 인생의 한 실상이다.

b. 사람의 행위에 의해 나타난 진정한 의(6:39~45)

6:39~45 예수님께서는 어떤 사람이 의에 대해서 그의 태도가 숨겨질 수는 없다고 설명하셨다. 만약에 어떤 사람이 **맹인**이라면 그가 다른 사람을 구덩이 속으로 인도할 것은 명백하다(39절). 그는 자신이 의롭지 못하므로 다른 사람들을 엉뚱한 길로 인도할 것이라는 사실을 숨길 수 없다. 예수님께서는 사람은 그가 경쟁하는 사람과 같이 된다고 주지시키셨다(40절). 그러므로 그의 제자들은 그와 경쟁하여야 한다. 사람은 그의 **형제**를 그의 죄와 관련하여 도울 수 있기 전에 그 자신의 죄를 제거해야만 한다(41~42절). 그리고 종종 어떤 사람 자신의 죄는 그가 비판하는 누군가의 죄(들보가 **톱밥**의 티와 비교되었다)보다 더 크다. 그 요지는 만약에 그 자신이 의롭지 않다면 어떤 사람이 의롭게 되는 것을 도울 수 없다는 것이다. 그렇게 하려고 시도하는 것은 위선임에 틀림없는 것이다.

예수님께서는 사람이 하는 말을 들어 보면 결과적으로 그가 어떤 사람이라는 것을 알 수 있다고 가르치셨다(43~45절). 바로 사람들이 그 **열매 맺는 과실**을 보아 그 나무의 종류를 아는 것과 같이, 사람들도 역시 그가 하는 말에 의하여 그가 의로운 사람인지 아닌지를 아는 것이다. 이 경우에 있어서 열매란 행하여진 바가 아니라, 말하여진 바를 나타낸다: 마음에 가득한 것을 입으로 말함이니라.

3. 진정한 순종(6:46~49)

6:46~49 외면적인 표현은 순종만큼 그렇게 중요하지는 않다(46절). 예수님을 "주여, 주여"라고 부르는 것만으로는 충분하지 않다. 믿는 자는

주의 말씀대로 행하여야 한다. 주님의 말씀을 듣고서 그대로 행하는 사람은 반석 위에 그 집을 짓는 사람과 같이 안전하지만(47~48절), 주의 말씀을 듣고서 행하지 않는 사람은 기초 없이 그 집을 짓는 사람과 같고(49절) 그 집은 파괴되어 버린다. 제자들은 주를 따름으로서 어느 정도까지는 이미 그의 말씀 위에서 행동하고 있었다(이것은 누가의 복음서 속에 기록된 예수님의 첫 번째 비유이다. 마 7:24~27의 예수님의 35가지 비유들의 목록을 보라).

D. 가버나움과 인접 도시들에서의 예수님의 사역(7~8장)

이 장에서는 기적적인 표적들을 통한 예수님의 사역(그분이 메시아라는 사실을 다시 확증시키는 것. 7:1~17; 36~50; 8:22~56)과 그의 가르침(그분이 선포한 메시지에 근거한 권위를 다루는 것. 7:18~35; 8:1~21)이 서로 번갈아서 나타나고 있다. 누가는 예수님이 메시아라는 것을 보여주는 상징적이고 기적적인 사건들로 인하여 권위가 입증된 예수님의 가르침을 강조하였다.

1. 질병과 죽음 사이에서의 예수님의 사역(7:1~17)

누가는 이곳에서 두 기적을 기록하였는데(백부장의 하인을 고치신 일과 어떤 죽은 소년을 살리신 일) 그것들은 예수님의 권위에 대한 믿음의 근거가 되었다(22~23절).

a. 백부장의 종을 고치심(7:1~10; 마 8:5~13; 요 4:43~54)

7:1~10 마을 밖에서 말씀을 다 전하신 예수님은 이제 가버나움으로 가셨다. 그곳은 그가 메시아적인 표적을 여러 번 행하셨던 곳으로서 그의 두 번째 고향 같은 곳이었다. 로마 군대에서 백부장은 군사 100명의 집단인 100인대의 지휘관이었다. 가버나움의 백부장은 대부분의 로마 군인들과 달리 가버나움과 그 주위의 유대인들로부터 호의와 존경을 받았는데, 이는 그가 그들을 사랑하고 그들에게 **회당을 지어 주었기** 때문이다 (7:4~5).

이 백부장의 종은 몹시도 아파서 거의 죽을 지경이었다(2절). 그 백부장은 예수님이 그 종을 고치시리라는 믿음을 가지고 있었다. 그가 자신의 요구를 제시하기 위해 유대의 **장로들**을 보냈던 이유는, 아마도 예수님이 로마 군인의 요구에 주의를 기울이실 것인가를 의심하였기 때문인 것 같다. 마태복음 8장 5~13절에도 같은 사건이 기록되어 있으나, 백부장이 전달자들을 보냈던 것은 기록되어 있지 않다. 마태는 마치 백부장 자신이 나타났던 것같이 사건을 서술하였다. 마태는 기록할 때에 마치 백부장도 그곳에 있으면서(7:8) 백부장이 보낸 사람들이 그의 명령에 따른 것처럼 백부장의 의도를 반영시켰다.

백부장은 자신의 요구가 경솔하였으며 게다가 자신에게 예수님을 만날 가치가 없는 것으로 인식하였다(7절). 예수님은 백부장에 대해 놀라시고(에다우마센[ἐθαυμασεν]. 참조, 2:18의 주해), "**내가 이스라엘 중에서도 이만 한 믿음은 만나 보지 못하였노라**"고 말씀하셨다. 7장과 8장에서 믿음의 개념은 몹시도 중요하다. 예수님은 누구신가(즉, 메시아) 하는 것과 그분이 말씀하신 것을 믿는 일은 극히 중대하다. 이방인들에 대한 믿음의 훈련도 역시 누가의 책 뒷부분에서 뚜렷이 나타난다.

b. 다시 살아난 과부의 아들(7:11~17)

7:11~17 누가는 죽었다가 다시 살아난 과부의 아들에 대하여 기록하였는데, 그것은 예수님과 세례 요한의 제자들 사이에 이어지는 대화 내용(18~23절)이 더욱 힘을 갖게 하기 위한 것이었다.

많은 군중이 예수님이 가버나움에서 나인으로 여행하실 때에 그를 따라갔다(11절). 나인은 가버나움에서 남서쪽으로 대략 40킬로미터 떨어진 곳에 있었다. 많은 사람들이 죽은 젊은이의 상여를 운반하는 장례 행렬과 함께 있었는데, 그는 한 어머니의 외아들이었다. 그 여인은 이제 완전히 혼자 남아서 보호받을 곳이라고는 전혀 없어 보였다. 가까운 남자 친척도 없는 것 같았다. 과부들을 돕는 일은 신·구약 성경에서 공통적으로 나타나는 중요한 주제인데 특별히 신명기와 연관된 언약에서 더욱 그러하다.

예수님은 그 여인을 불쌍히 여기셔서 즉시 여인을 위로하기 시작하셨다. "불쌍히 여기다"라는 동사는 에스프랑크니스데($\dot{\epsilon}\sigma\pi\lambda\alpha\nu\chi\nu\dot{\iota}\sigma\theta\eta$)라는 단어로서 연민이나 동정을 뜻하며 복음서에서 여러 번 사용된 동사이다. 그것은 명사인 스프랑크나($\sigma\pi\lambda\acute{\alpha}\nu\chi\nu\alpha$), 즉 "육신 중의 정신적인 곳들"과 연관되는 것으로서, 감정 속에서 나타나는 현상으로 생각된다. 그 명사는 10번 사용되었다(1:78; 고후 6:12; 7:15; 빌 1:8; 2:1; 골 3:12; 몬 7, 12, 20; 요일 3:17). 장례 행렬 속의 그 여인과 다른 사람들은 예수님이 관에 손을 대시고 메고 가던 사람들이 멈추어 섰을 때에 예수님께 신뢰를 가졌을 것이다.

예수님의 명령에 의하여 이미 죽었던 젊은이가 일어나 앉으며 말을 하기 시작하였다. 이것은 그가 참으로 살아 있다는 확고한 증거였다. 그러자 사람들은 모두 두려움(포보스[φόβος]. 참조, 1:12의 주해)에 사로잡혀서 하나님을 찬양하였고, 예수님이 위대한 예언자라고 생각하였으며(의심할 여지없이 엘리야와 엘리사의 사역을 떠올리게 함), 하나님이 자기 백성을 도우러 오셨음을 주목하였다(참조, 사 7:14). 예수님에 관한 이 이야기가 두루 퍼졌다.

2. 행동으로 자신의 사역을 확증시키신 예수님의 가르침
(7:18~35; 마 11:2~19)

이전의 두 가지 기적(7:1~17)을 기록한 누가의 목적은 요한의 제자와 예수님이 만날 수 있도록 이야기를 이끌어 가려는 데에 있었다. 사람들에게 예수님(그의 사역과 그의 말씀들)을 믿도록 하는 것은 중요한 일이었다. 둘 다 그가 메시아라는 것을 보여 주었기 때문이다.

a. 예수님의 사역에 대한 확증을 요구한 세례 요한(7:18~23)

7:18~23 이 사건은 요한이 감옥에 있는 동안에 발생하였다(마 11:2). 요한은 1년도 채 되지 못하는, 유성과도 같이 짧은 사역을 하였다. 요한은 그가 말씀을 전하였던 대로 메시아가 그의 나라를 세우실 것을 기대하였다. 그런데 요한이 감옥에 있고 사형에 처할 위험에 빠진 것을 발견하였음에도 불구하고 여전히 그 나라는 오지 않았다. 이리하여 요한은 메시아에 관하여 불안해하고 있었다. 그는 구약성경에 관해 잘 알고 있었

고 메시아의 사역에 관해서도 그러하였다. 하지만 그는 그 나라가 온 것을 알지 못하였다.

　그는 예수님께 두 제자를 보내고서, "오시기로 되어 있는 분이 당신입니까? 그렇지 않으면 우리가 다른 분을 기다려야 합니까?" 하고 물었다. 요한의 제자들은 예수님이 질병과 고통과 악귀 들린 모든 자들을 고치시고 눈이 먼 모든 자들을 보게 하시고 계실 그때에 예수님께 다가왔다. 메시아의 기적들을 행하시던 예수님은 요한의 제자들에게 그가 나사렛에서 읽으셨던 이사야 61장 1~2절을 상기시키셨다.

　예수님의 기적의 행위들은 당신께서 메시아라는 사실을 가리킨다. 그의 의도는 어떤 이가 그분 때문에 걸려 넘어지지(스칸다리스데[σκανδαλισθῇ]: "덫에 걸리게 되다." 그리하여 "어떤 사람을 올가미에 걸리도록 하다") 말아야 한다는 것이었다. 사람들은 그분의 메시지와 그분의 사역들에 대하여 믿음을 가져야 했다. 마태나 누가 중의 그 누구도 요한의 제자들이 그에게로 돌아간 이후의 세례 요한의 반응에 대하여 기록하지 않았다.

b. 요한의 사역과 그분의 사역을 이스라엘이 거부한 것에 대한 예수님의 저주(7:24~35)

7:24~28 예수님은 세례 요한이 질문을 했던 사건을 사람들에게 요한의 사역에 관하여 가르치시며 또한 그를 기리기 위하여 사용하셨다. 그는 요한이 부는 바람에 흔들리는 갈대와 같이 확신이 없는 것은 아니라고 지적하셨다. 그는 호화스럽게 입지도 않았다. 그 대신에, 그는 사람들로부터 예언자로 바르게 이해되고 있었다. 예수님은 요한이 말라기 3장 1

절의 예언대로, 또한 메시아의 선구자라는 점으로 볼 때에 **예언자 이상이** 었다고 부언하셨다.

말라기 3장 1~2절에는 두 사람의 사자(使者)가 언급되고 있다. 한 사람은 여기에 선구자로 나타난 세례 요한이고, 다른 한 분은 그의 백성들을 정결케 하실 '언약의 사자'로서, 바로 메시아 그 자신이다.

예수님은 요한보다 큰 인물은 **없다**고 말씀하심으로 요한에게 아주 큰 찬사를 보내셨다. 그러나 **하나님 나라에서는 가장 작은 자라도 그 사람보다** 더 크다. 요한이 '하나님의 나라'의 한 부분이 아니라고 선언하신 것은 아닌데, 그것은 요한이 예수님과 똑같이 죄 사함을 위하여 회개하라는 메시지를 전파하였기 때문이다. 예수님은 큰 예언자가 되는 것은 그 나라의 구성원이 되는 것과 같이 그렇게 중요한 일이 아니라고 말씀하신 것이다. 그 나라의 시민들은 구약에서 하나님의 위대한 사람들로 나타났던 예언자들보다 더 뚜렷하게 볼 수 있다는 이점을 가진다. 그 나라의 백성들은 새 언약 아래에 있게 되어 그들의 마음에(렘 31:31~34) 하나님의 법을 가지게 될 것이다. 그 나라의 가장 작은 자라도 세례 요한보다 더 큰 영적 수용 능력을 갖게 될 것이다.

7:29~30 누가는 예수님의 말씀을 듣는 사람들을 구분하여 생각하는 관점을 보여 준다. 요한에 의하여 세례를 받았던 사람들은 그들의 죄들을 회개하였고 그들의 진실성을 보여 줄 수 있도록 세례를 받게 되었으며, 예수님을 따랐고 하나님의 방법이 옳다는 것을 알게 되었다. 그와는 반대로 바리새파 사람들과 율법학자들은 그 자신들을 향한 하나님의 뜻을 거절하였다. 그들은 요한에게 **세례** 받는 것을 거절함으로써 자신들이 회개의 메시지와 그의 나라를 받아들이지 않겠다는 것을 보여 주었다. 이리

하여 그들을 위한 하나님의 구원 계획을 거절하였다. 역설적인 사실은 바리새인들과 율법학자들은 선구자(요한)와 메시아(예수님)의 사역에 관하여 가장 잘 알아야만 하는 사람들이었다는 것이다.

7:31~35 이야기 속 누가의 편집적인 삽입(29~30절)은 이어지는 5절을 설명해 주고 있다. 종교 지도자들이 요한과 예수님의 메시지를 거절하였기 때문에, 예수님은 그들이 논하는 방법에 대하여 설명하기 위해 짧은 비유로 말씀하셨다. 예수님이 **이 세대의 사람**(안드로푸스[$\acute{\alpha}\nu\theta\rho\omega\pi\sigma\upsilon\varsigma$])을 말씀하셨을 때, 그가 자신의 메시지를 받아들이던 29절에서 언급한 사람들(라오스[$\lambda\alpha\acute{o}\varsigma$])을 말씀하신 것은 아니었다. 예수님의 비유 속의 사람들은 30절에 나오는 종교 지도자들로서, 요한과 예수님을 배척한 자들이었다. 예수님은 그들을 다른 사람들이 자신들의 연주에 반응하기를 원하는 변덕스러운 어린이들로 묘사하였다.

　그들은 요한과 예수님의 행위에 만족하지 않았다. 요한은 너무도 금욕주의자 같았고, 또한 예수님은 너무 자유사상가 같았다(바리새파 사람들의 해석). 어느 극단적인 이야기도 종교 지도자들을 행복하게 만들 수 없었다. 예수님은 **지혜가 그 지혜의 자녀인 모든 사람에 의하여 올바르다고 입증됨**을 말씀하시면서 그 비유를 적용하셨다. 예수님과 요한을 따르던 사람들이 그들의 가르침의 올바름에 대한 충분한 증거가 되었다.

3. 죄 많은 여인에 대한 예수님의 사역(7:36~50)

　이 단락은 예수님이 35절에서 다루셨던 원리를 증명해 주고 있다. 시몬이라는 이름의 바리새파 사람이 죄 많은 여인과 대조되고 있는데, 그 여인은 용서(47절)와 구원(50절)을 받는다.

7:36~38 시몬이라고 하는(40절) 바리새파 사람이 예수님을 만찬에 초대하였는데, 아마도 어떻게 해서든지 주님을 시험해 보려 했던 것 같다. 어떤 사람이 저녁 만찬을 제공하려고 할 때에는 식사를 하기 전에 손님들의 발을 깨끗하게 하는 것이 그 당시의 관습이었다. 대부분의 도로가 포장되지 않았던 까닭에 평상시에 샌들을 신었던 당시 사람들의 발은 먼지투성이 또는 진흙투성이가 되는 것이 흔한 일이었다. 대화 속에서 나중에 지적된 것과 같이, 시몬은 저녁 만찬이 시작될 때에 예수님의 발을 깨끗하게 할 것을 준비하지 않았다(44절). 특별한 저녁 만찬의 경우에는 손님들이 식사 때에 사용할 수 있도록 등받이와 침대의자들을 마련했다.

한 여인이 예수님께서 그곳에서 식사하신다는 사실을 들은 후에 만찬회에 도착했다. 그 여인은 죄 많은 인생을 살아왔는데 아마도 그 사회에서 매춘부였을 것이다. 그녀의 생활은 바리새파 사람이 그녀를 죄인으로 충분히 규정지을 수 있을 만큼 잘 알려져 있었다(39절). 그 여인은 초대받은 손님은 아니었지만, 향유가 든 단지 하나를 가지고 들어왔다. 랍비가 어떤 집에 초대되었을 경우에 다른 이들이 옆에서 그 대화를 들을 수 있었으므로 그녀의 출현은 그다지 이상한 일이 아니었다. 어떤 사람의 머리에 기름이나 향유를 붓는 일은 일상적인 존경의 표시였다. 아마도 그 여인은 예수님의 머리에 기름을 붓기가 부끄러웠을 것이다. 그래서 그녀는 그의 발에 기름을 부었다. 그렇게 하기 위해서 분명히 부자가 아니었던 그녀는 커다란 재정적 지출을 감수해야 했을 것이다.

그녀는 예수님께 머리를 숙이고 자신의 머리털로 그분의 발에 떨어진 자신의 눈물을 닦아 내었다. 그 여인은 계속해서 그분의 발 위에 입을 맞추

없는데 이것은(헬라어 동사 **카테필레이**[κατεφίλει]는 계속적으로 행해지는 행동을 뜻하는 미완료 시제이다) 지극한 존경과 복종, 그리고 애정의 표시이다. 예수님은 집주인이 머리(46절)나 발(44절) 씻을 물을 주지 않았지만 그 여인은 계속하여 그의 발에 기름을 부었다고 나중에 지적하셨다.

이 대목에서는 그 여자가 울고 있었던 이유에 대해서 기록하지 않았지만, 추측건대 그 여자는 회개하기를 원했기 때문에 울었을 것이다. 혹은 분명히 메시아라고 여겨지는 분의 바로 옆에 있게 된 기쁨에 울었는지도 모른다.

7:39 그 집의 주인은 예수님이 **예언자**일 수는 없다고 생각하였는데, 그 이유는 만약 그분이 예언자라면 그는 **그 여인이 죄인**이라는 것을 알았어야 했다고 생각했기 때문이다. 그리고 죄인과 접촉하는 일은 의식적으로 불결하게 되는 것을 뜻하기 때문에 그 여인이 자신을 만지지 못하게 해야 했다.

7:40~43 예수님은 시몬의 생각을 아시고서(참조, 5:22), 용서함을 많이 받은 사람은 용서함을 적게 받은 사람보다도 더 사랑한다는 비유를 가르치셨다. 비유 속에서 한 사람이 또 한 사람보다 10배나 더(500데나리온과 50데나리온이 비교되었는데) 용서받게 되었다. 이는 막대한 빚이었는데, 한 데나리온의 동전은 하루의 임금과 맞먹는 가치였기 때문이다. 어떤 사람이 탕감해 준 사람을 더 **사랑하겠느냐**라는 질문을 받았을 때에, **시몬**은 즉각 더 **큰 빚**을 탕감받은 그 사람이 자연히 더 큰 사랑을 갖게 될 것이라고 응답하였다. 그러자 예수님은 그 비유를 그 여인에게 적용시키셨다.

7:44~50 용서를 많이 받았던 그 여인은 그러므로 예수님을 더 많이 사랑하게 되었다. 예수님은 바리새파 사람이 용서를 더 받을 필요를 가지고 있다고 말씀하신 것이 아니었다. 그가 말씀하시려는 뜻은 용서받은 '죄인'이 당연히 자신을 용서하여 주신 분을 사랑하고 감사한다는 것이었다. 예수님께 대한 시몬의 대접은 그 여인의 것과는 크게 다른 것이었다. 그 여인은 자신이 크게 용서함 받았다는 것을 깨달았기 때문에 예수님을 사랑하였다는 것을 증거하고 있었다. 그 여인은 자신이 죄인이라는 것과 죄 사함이 필요하다는 것을 깨달았다. 그와는 반대로, 시몬은 자신을 순전하고 의로운 사람으로 생각했기 때문에 예수님을 특별한 방법으로 대접할 필요성을 느끼지 않았다. 실제로, 그는 그날에 예수님을 일상적인 예의인 남자 손님의 뺨에 **입을 맞추며** 맞이하는 것, 그리고 손님의 머리에 적은 양의 **기름**을 발라 주는 것 정도 이상으로 대접하지 않았다. 실제로 그는 예수님이 그를 위해 아무것도 하실 수 없다고 생각했다. 이는 그가 예수님을 예언자로 간주하지 않았기 때문이다(39절).

그러나 그 여인은 사랑하였기 때문에 용서함 받은 것은 아니었고, 그녀가 용서함 받았기 때문에 사랑한 것이었다(47~48절). 그녀의 믿음은 그녀 자신을 구원시켰다: 네 믿음이 너를 구원하였으니 평안히 가라(참조, 8:48). 그녀의 믿음은 점차적으로 그녀가 사랑 안에서 응답하도록 만들었다. 만찬석의 또 다른 손님들은 예수님이 누구이길래 그가 죄를 용서하는 것인가 하고 의심하였다(참조, 5:21). 이러한 교차 지점에서 예수님은 결코 당신이 메시아라는 주장을 명백히 언급하지 않으셨지만, 당신이 메시아이기 때문에 스스로 행한 대로 말씀하셨다.

4. 사역에서의 여러 가지 응답에 관련된 예수님의 가르침 (8:1~21)

a. 긍정적인 반응을 보였던 추종자들(8:1~3)

8:1~3 많은 여인들이 예수님께 긍정적인 반응을 보였는데 이는 바리새파 사람 시몬과는 대조적인 것이었다. 이처럼 예수님이 전파하신 그 나라의 메시지에 대하여 어떤 사람들은 긍정적인 반응을 보였고 또 어떤 사람들은 부정적으로 응답하였다(8:4~15). 그 믿는 무리는 **열두 제자들**과 예수님께로부터 치유의 능력을 받은 수많은 **여인들**이었는데, 그중에는 **일곱 귀신**이 그녀에게서 쫓겨 나갔던 **마리아**(막달라인이라고 부르는, 즉 갈릴리의 막달라에서 온 마리아)도 포함되었다. 성경에서 '일곱'이라는 숫자는 완성을 나타낸다. 그러므로 마리아는 완전히 귀신에 사로잡혀 있었음이 분명하다. 헤롯의 관리들 중 한 사람의 부인인 요안나는 수산나와 마찬가지로 택함 받았다.

이들 셋과 또 다른 많은 여인들이 자기들의 재산을 가지고 그들의(즉, 예수님과 열두 제자) 생활을 돕고 있었다. 이 사실은 그 당시의 팔레스타인에서는 소문이 날 수 있는 상황으로 볼 수 있었다. 그러나 사함 받은 여인과도 같이(7:36~50), 이 여인들은 많은 용서를 받았기에 많은 사랑을 베풀었다. 그들은 그의 나라에 관한 예수님의 메시지에 관하여 긍정적으로 반응하고 있었다.

b. 씨 뿌리는 자의 비유에 의해 설명된 여러 응답들
(8:4~15; 마 13:1~23; 막 4:1~20)

8:4 예수님께서는 하나님의 말씀에 대해 많은 반응들이 있을 수 있다고 하시며 비유와 설명을 하셨다. 누가는 여러 마을로부터 많은 무리가 모였다고 기록하였다. 추측건대 그 무리는 예수님이 비유에서 보여 주신 네 가지의 방법들 중 하나로 응답하는 사람들인 것 같다. 이 비유는 아마도 장애물들이 그들 앞에 있을 것이라는, 주의 말씀을 듣는 사람들에 대한 일종의 경고일 것이다.

8:5~8 농부들이 잘 일군 땅 위에 손으로 씨를 뿌렸다. 이 농부의 씨는 네 종류의 흙 위에 떨어졌다. 어떤 씨는 길가에 떨어져 새들이 쪼아 먹었다.

다른 씨는 바위 위(즉, 바위 표면을 덮고 있는 얕은 흙)에 떨어졌는데 시들어 버렸다(6절).

반면에 또 다른 씨는 가시 떨기 속에 떨어져서 그 식물들은 성장이 저지되었다(7절).

또 어떤 씨는 좋은 흙 위에 떨어져서 좋은 열매를 맺었다(8절).

예수님은 비유를 말씀하신 후에, "들을 귀 있는 자는 들을지어다"라고 외치시며 말씀을 마치셨다. '외치다'라는 말은 예수님이 당신의 짧은 강론에 주된 강조점을 두셨다는 뜻이다. 예수님은 "들을 귀 있는 자는 들을지어다"라는 말씀을 비유로 말씀하셨던 여러 경우에 사용하셨다(마 11:15; 13:9, 43; 막 4:9, 23; 눅 8:8; 14:35). 그 표현은 영적인 사람들이 비유 가운데 있는 의도된 영적인 뜻을 분별할 수 있다는 사실을 말해 주고 있다. 즉 영적이지 못한 사람들은 비유의 표면적인 뜻 외에는 이해하지 못한다는 뜻이다.

8:9~10 예수님의 제자들이 그분께 그 비유의 뜻을 물었다. 그러나 예수님은 그들에게 그것을 말씀하시기 전에, 왜 비유의 형태를 사용하였는지를 설명하셨다. 영적인 분별력이 있는 사람들, 즉 그분을 따르며 그분의 메시지를 진실로 받아들이는 사람들은(7장 36절~8장 3절의 사람들같이) 하나님 나라의 비밀스러운 지식들을 가지게 될 것이다. 그러나 그 나라에 관한 예수님의 메시지에 응답하지 않는 다른 사람들은 그 비유를 이해하지 못할 것이다(참조, 고전 2:14). 이 위에 예수님은 이사야 6장 9절("너희가 듣기는 들어도 깨닫지 못할 것이요")을 덧붙이셨다.

비유 가운데서의 예수님의 말씀은 그의 말씀을 청종하는 사람들에게는 실제로 은총의 행위였다. 만일 그들이 그를 메시아로서 알기를 거절했다면, 그들에 대한 심판은 오히려 그들이 더 많이 알았을 때보다 약화되었을 것이다(참조, 10:13~15).

8:11~15 예수님은 그 비유를 당신의 제자들에게 설명하셨다. 그 씨는 하나님의 말씀이다. 살아 계신 말씀인 예수님에 의하여 전파된 그 말씀들은 세례 요한이 전파하였던 것과 똑같은 메시지였다. 네 종류의 사람들이 네 가지의 땅으로 나타나게 된다. 네 종류의 사람들이 똑같은 소식을 전달받는다. 그 첫 번째 부류는 듣기는 하지만 전혀 믿지 않는 사람들을 말하는데, 이는 귀신의 작용 때문이다(12절).

두 번째 부류는 듣고서 기뻐하지만 그들이 뿌리가 없기 때문에(13절) 메시지의 진리를 꿰뚫지 못하는 사람들이다. 그들이 잠시 동안은 믿지만 말라 버린다는 사실은 그들이 말씀의 사건들을 마음에 받아들이나 '사태가 험해질 때' 그것을 저버리는 것을 말한다. 그것은 그들이 구원을 잃는다는 뜻은 아니다. 왜냐하면 그들은 잃을 것이 없기 때문이다.

세 번째 부류는 듣기는 하지만 결코 성장하지 못하는 사람들이다(14절). 이들은 예수님의 메시지에 흥미를 가지고 있지만 그것을 받아들이지 못하는 사람들인데 그것은 그들이 물질적인 일들(인생의 근심, 재물, 향락)에 마음을 쏟고 있기 때문이다.

네 번째 부류는 듣고서 그 말씀을 간직하고, **열매를 맺는** 사람들이다. 그들은 자신의 영적인 생활의 증거로서 영적인 열매를 맺는다. 그들의 마음은 그들이 고상하고 선하기 때문에 변화되었다.

예수님의 사역이 진행되면서 이들 각각의 부류가 표면화되어 증거되었는데: (1) 바리새파 사람들과 종교 지도자들은 믿기를 거절하였다. (2) 어떤 사람들은 그분의 치유의 이적과 먹이심 때문에 예수님께로 모였으나 그분의 메시지에 남아 있기를 거절하였다(참조, 요 6:66). (3)다른 사람들(부유한 관리 같은[18:18~30])은 예수님께 흥미를 가졌지만 물질주의가 그들을 강하게 잡아당기기 때문에 그분을 받아들이려고 하지 않았다. (4) 또 다른 사람들은 그분을 따랐고 어떤 희생도 마다하지 않고 그분의 말씀에 의지하였다(참조, 8:1~3).

c. 그의 가르침에 긍정적으로 응답하여야 할 필요성 (8:16~18; 막 4:21~25)

8:16~18 이 짧은 비유는 씨 뿌리는 비유의 이론적인 연장이다. 다시 한 번 듣는 행위가 강조되는데, (여기에 적혀 있는 대로) 조심해서 들어야 한다(18절). 만약에 한 사람이 하나님의 말씀을 이해하였다면 그의 생

애는 그 이해를 반영해야만 한다(참조, 15절). 어떤 사람이 그것을 감추기 위하여 **등불**을 켜지 않는 것과 마찬가지로(참조, 11:33~36), '하나님 나라의 비밀'들도 그것을 감추기 위해 사람에게 주어지지 않는다. 제자들은 예수님이 그들에게 말씀하신 일들을 알 수 있어야만 하였다. 예수님을 따르던 사람들은 그들이 어떻게 듣는지를 조심스럽게 숙고해야만 하였다(18절). 만약에 그들이 듣고서 순수한 믿음으로 응답한다면(참조, 15절) 더 많은 진리를 받게 될 것이다. 만약 그들이 들은 것에 관하여 받아들이지 않는다면 그들은 그것을 잃을 것이다.

d. 육신의 가족에 대한 예수님의 대답
(8:19~21; 마 12:46~50; 막 3:31~35)

8:19~21 이전의 가르침(1~18절)에 대한 논리적인 결론은 예수님이 말씀하신 일들을 이해하는(그리하여 실천에 옮기는) 사람은 올바르게 그와 관련되어야 한다는 것이다. 예수님의 **어머니**와 **형제**들이 그를 만나려고 찾아왔다. 이들 형제들은 의심할 것도 없이 예수님의 뒤를 이어 태어난 마리아와 요셉의 아들들이었을 것이다. 요셉은 예수님이 태어날 때까지는(마 1:25) 마리아와 성적인 관계를 갖지 않았다. 1절의 요지는 예수님이 태어난 이후에 마리아와 요셉이 정상적인 육체적 관계를 가졌으며 많은 자녀들을 가졌다는 것이다. 그 '형제들'은 씨가 다른 예수님의 형제들이다.

예수님은 그의 가족들이 그를 만나고 싶어 한다는 소식을 들으셨다(8:20). 예수님은 그분의 답변에서 당신의 가족들과의 혈육 관계를 부정하지 않으셨다. 오히려 그분은 하나님의 말씀을 듣고서 그것을 실행에 옮기는 자는 가족과 같다고 그분의 애정을 적극적으로 말씀하셨다. 덧붙여 예수님의 언급은 복음이 유대인 한 민족에게 국한되는 것이 아니라, 이 방인들을 포함하여 믿는 모든 이들을 위한 것임을 보여 준다. 다시 한번 하나님의 말씀을 듣는 것의 중요성이 언급되는데, 여기서는 '실천에 옮겨야'만 한다는 경고가 된다. 예수님의 의붓동생인 야고보는 그 교훈을 잘 배웠음에 틀림이 없는데, 단지 듣는 것이 아니라 그 말씀에 순종하는 것에 관하여 썼기 때문이다(약 1:22~23).

5. 일련의 기적들을 통한 예수님의 사역(8:22~56)

누가는 이전에 예수님의 권위를 확인하게 하였던 사건들을 기록하였다(4:31~6:16). 여기에서 다시 어떤 확인이 필요하였다. 예수님은 사람이 그의 말씀을 조심스럽게 들어야만 하며 그것을 실천해야 한다고 가르치셨다. 이제 그는 메시아만이 하실 수 있는 방법들을 통해서 그분의 말씀을 확증하셨다. 예수님은 피조된 세상의 세 가지 국면 위에 그분의 힘을 나타내셨다. 그것은 자연의 영역(8:22~25), 귀신의 영역(26~39절), 그리고 질병과 죽음이다(40~56절).

a. 자연계에 대한 예수님의 힘
(8:22~25; 마 8:23~27; 막 4:35~41)

8:22~25 예수님과 그의 제자들이 한적한 곳으로 가기 위해 갈릴리 바다를 지나고 있을 때에, 폭풍이 불어 그들의 배가 물에 잠기게 될 위험에 처하게 되었다. 갑작스러운 폭풍을 만난 호수는 미칠 듯이 격동하였다.

예수님이 잠이 드셨기 때문에 제자들은 물에 빠질 것이 두려워서 예수님을 깨웠다. 예수님은 풍랑을 꾸짖으셨다. 그리고 그들이 두려워하는 것과 그들의 믿음이 부족한 것을 나무라셨다. 그분은 이미 그들에게 호수 저편으로 건널 것을 말씀하셨다(22절). 이는 그들이 예수님이 가르치셨던 하나님의 말씀에 근거하여 행동할 수 있는 아주 좋은 기회였다(1~21절). 예수님이 폭풍을 꾸짖으시자 호수는 즉시 잔잔해졌다(그것은 폭풍 후에 생기는 정상적인 일이 아니다). 제자들은 두려워하며 놀라고 있었다(참조, 35, 37절).

b. 귀신의 영역을 넘는 예수님의 힘
(8:26~39; 마 8:23~34; 막 5:1~20)

8:26 마태가 예수님이 귀신 들린 두 사람을 만나셨다고 쓴 반면(마 8:28~34), 누가는 두 사람 중 한 사람에 관하여 썼다. 기적이 발생한 위치에 관해서는 약간의 혼동이 있다. 거라사인 지방은 어떤 의미가 있는 지역인가? 분명히 그 지역은 동쪽 해변에 있는 거라사라는 작은 마을(현재 케르사라는 벌판)에 대한 이름으로서, 갈릴리의 호수 건너편에 있었다. 마태는 "가다라 지방"이라고 언급하였는데(마 8:28), 이는 갈릴리 바다의 하류의 끝에서 남동쪽으로 약 9.6킬로미터 떨어진 가다라 마을을 가리키는 이름이었다. 아마도 가다라라는 도시에 속한 거라사 주변의 영토일 것이다(참조, 막 5:1의 주해).

8:27~29 예수님이 해변에 내리셨을 때 그는 귀신 들린 어떤 사람을 만나게 되었다. 그 남자의 생활 방식은 그가 완전히 귀신의 지배하에 있음을

보여 주었다. 그는 인간의 정상적인 편의 시설을 사용하지 않았고(27절) 자주 외딴곳으로 가서 귀신에게 지배당하고 있었다(29절). 복음서 속에서 대부분의 '귀신이 들린' 사람들의 경우와 같이, 이 사람은 목청껏 소리 지르고 있었다. 귀신은 예수님을 알아보고 "지극히 높으신 하나님의 아들 예수여"라고 불렀다. "나를 괴롭게 하지 마옵소서"라는 말은 보통 사람은 할 수 없어도(29절), 예수님은 그를 제어하실 수 있다는 사실을 귀신도 알고 있었다는 것을 나타낸다.

8:30~33 그 귀신은 예수님께 대답하면서 그의 **이름**이 **군대**(레기온: 약 6,000명의 로마 군인들의 집단을 의미하는 라틴 용어)라고 말하였다. 그 이름의 요지는 매우 많은 수의 귀신들이 그 남자 속에 거하고 있다는 것이었다. 그 귀신들은 예수님께 그들을 괴롭히지 말아 달라고 요청하였다(마태복음 8장 29절에는 "때가 이르기 전에"라고 부언한다). 즉 그들을 무저갱(죽은 자들이 가는 곳으로 생각되었던 곳)으로 보내지 말아 달라고 요구하는 것이었다. 무저갱은 또한 '물이 많은 지역'으로 생각되었는데, 그것은 이 만남의 결과를 더욱더 역설적이며 극적으로 만들었다. 그 귀신들의 요구로 예수님은 그들을 근처의 큰 돼지의 무리 속으로 들어가게 하셨는데, 즉시 비탈을 **내리달아 호수에 빠져 죽어** 버렸다. 이렇게 무저갱으로 보내지 말아 달라는 그들의 간청은 이루어졌으나, 어쨌든 그들은 물이 많은 지역으로 보내졌다.

8:34~37 그 지방 **사람들**은 그 기적을 보고 **두려움**을 느끼게 되었다(35, 37절. 참조, 7:16; 8:25).

8:38~39 그 사람들과는 대조적으로, 이전에 귀신 들렸던 그 남자는 예수님의 지시에 의하여 그에게 일어났던 소식을 전파했다. 이것은 이방 지역에서 예수님에 관해 기록된 첫 번째 증거였다.

c. 질병과 죽음을 초월하는 예수님의 능력
(8:40~56; 마 9:18~26; 막 5:21~43)

이 부분(7~8장)은 예수님이 질병과 죽음에 처한(7:1~17) 사람들에게 사역하시는 것으로 시작한다. 또한 똑같은 주제로 끝을 맺게 된다. 그러나 8장 40~56절에 묘사되었던 치유 기사는 예수님이 그 자신은 의식적으로 부정하게 되지 않고서 다른 사람들을 깨끗하게 하시는 능력에 관한 풍부한 상징성 때문에 정점을 이룬다.

8:40~42 회당의 지도자인 야이로는 그의 외동딸의 생명을 구하려고 예수님께 간청하였는데, 그녀는 죽어 가고 있었다. 회당의 지도자가 예수님께 올 수 있었다는 사실은 사람들이 예수님이 누구인지(그가 참으로 메시아라는 사실)를 인식하기 시작했다는 것을 나타낸다. 회당의 지도자는 회당의 예배를 담당하며 건물을 보존하고 청결케 하는 책임이 있다. 신약에 나타나는 다른 회당 지도자는 그리스보(행 18:8)와 소스데네(행 18:17)였다.

8:43~48 야이로의 이야기는 야이로의 딸을 고치러 가는 도중에서 발생한 일을 기록하였던 누가에 의해 잠시 끊어졌다. 군중 속에는 12년 동안 혈루증에 시달리고 있던 한 여인이 있었다. 재미있는 것은, 야이로

의 외딸이 12살가량 되었는데, 이 여인의 질병도 12년 동안 계속되었다는 것이다. 그녀의 출혈은 그 여인을 의식적으로 부정하게 만들었고(레 15:25~30), 그녀에게 손을 대는 누구라도 역시 의식적으로 부정해졌다. 아무도 그 여자를 치유할 수는 없었다라는 사실과 대조적인 점은 그 여자가 예수님의 옷자락을 만졌을 때에 즉시로 그녀의 출혈이 그쳤다는 사실이다.

예수님의 질문, 즉 "내게 손을 댄 자가 누구냐?"라는 말씀은 그가 그 상황을 모르고 있었다는 것을 뜻하는 것이 아니다. 그는 그 여인이 그녀 자신을 드러내어 공개적으로 그를 만졌던 믿음을 표현하기를 원하셨다. 여인의 믿음은 그녀가 그의 발밑에 엎드릴 때에 공개적인 것이 되었다(이것은 예수님의 발아래에서 자신의 믿음을 나타내었던 다른 여인 하나를 생각나게 한다. 7:36~50). 그 여인의 믿음이 그녀를 낫게 하였는데(8:48), 그 믿음은 예수님이 그녀를 정식으로 깨끗하게 하실 수 있다는 것과, 그러므로 그가 진정 메시아라는 것을 믿는 것이었다. 예수님은 그녀에게 평안히 가라고 말씀하셨는데, 이것은 그가 죄 많은 한 여인에게 근래에 말씀하셨던 것과 똑같은 말씀이었다(7:50).

8:49~56 이제 이야기는 야이로에게로 돌아간다. 예수님은 의식적으로 부정하게 간주되었던 누군가에 의하여 방금 만져졌다. 야이로는 그의 **딸**이 죽었다는 소식을 전해 들었음에도 불구하고 그녀가 부활하게 될 것이라는 믿음을 가졌다(50절). 그 믿음은 부정한 여인에 의해 만져진 예수님을 그의 **집으로** 모신 사실 속에서 부분적으로 표현되었다.

예수님이 야이로의 딸을 다시 살려 내신 후에, 그 아이에게 **먹을 것이** 주어졌다. 이것은 그 아이가 정상적인 건강을 되찾았고 긴 회복기가 필요치 않았다는 것을 말해 준다(베드로의 장모의 경우와 비슷한 상황. 참조, 4:39). 이때에 그 부모는 놀라워하였다(엑세스테산[ἐξέστησαν]: 놀라서 자기 정신이 아니다. 참조, 2:7). 그러나 두려워하지는 않았다. 기적에 관하여 다른 사람들에게 말하지 말라고 하신 예수님의 말씀은, 그가 예루살렘에서 공식적으로 전파할 때까지 메시아로서 공개적으로 드러나서는 안 된다는 그의 요구에 의한 것임에 틀림없다.

E. 예수님이 제자들에게 가르치심 (9:1~50)

예수님의 갈릴리 사역에 대한 누가의 글은 예수님이 그의 제자들을 가르치셨던 여러 개의 중요한 사건들과 함께 끝이 난다. 누가에게 이번 장의 사건이 중요하기는 하지만 그것이 그의 주장의 관건은 아니다. 누가는 예수님의 예루살렘 여행을 그분 사역의 최고점으로 보았다. 이 장에 기록된 사건들은 예수님의 사역에 있어서(4:14~9:50) 정점을 이루고 예루살렘을 향한 여행의 가교가 되는데, 그것은 9장 51절에서 시작된다.

1. 열두 제자를 보내심(9:1~6; 마 10:5~15; 막 6:7~13)

9:1~6 예수님이 열두 제자들에게 사역을 할 때 해야 할 두 가지 임무를 주셨다. 그것은 하나님의 나라를 전파하고 아픈 자를 고치라는 것이었다. 예수님이 그들에게 능력(뒤나민[δυναμιν]: 영적인 능력. 4:14, 36; 5:17; 6:19; 8:46)과 권위(엑수시안[ἐξουσίαν]: 힘을 발휘할 수 있는 권리)를 주

셔서 **질병**과 관련된 귀신의 영역과 육체적 영역을 극복할 수 있도록 하셨으므로 그들은 그 사역을 성취할 수 있었다. 예수님은 이들 두 가지 영역을 뛰어넘는 그의 능력을 즉시 보여 주셨다(8:26~56). 그들의 치유 사역은 전도 사역을 확인시키는 것이었다. 열두 제자가 예수님의 권세와 능력속에서 병을 고칠 수 있었다는 사실은, 그가 그의 나라 속으로 이끌 수 있는 메시아라는 것을 나타내는 것이었다. 그러므로 백성들이 열두 제자를 믿는 것이 필요하였다. 사람들은 예수님의 권세 안에서 사역하고 있는이 사람들을 영접함으로써 열두 제자(그러므로 메시아 안에 있는)에 대한 믿음을 증거하였다.

이것은 그들의 사역 방법에 관련된 예수님의 상반되는 이상한 가르침들(9:3~5)을 설명하는 데에 도움이 된다. 이 사역은 오래 걸려서는 안 되었으며, 그들은 예수님께 보고하러 되돌아와야 했다(10절). 열두 제자는 왜 직접 물품이나 돈을 가지지 않아야 했는가? 이것은 그들의 임무의 간결성 때문이며, 또한 그들에 대한 사람들의 반응이 메시아로서의 예수님의 주장을 받아들이는지 아닌지를 나타내기 때문이었다. 그 메시지와 메시아로서의 치유들을 믿는 사람들은 열두 제자와 함께하기를 즐거워하였다.

믿지 않는 사람들은 심판을 받을 것이다(4~5절). 어떤 마을에서 열두 제자를 거절한다면 그들은 마을을 떠나며 그들의 발에서 **먼지를 털어버려야** 하였다. 유대인들이 이방의 지역에서 집으로 돌아올 때에, 그들은 이방인들과의 관련을 떨쳐 버린다는 의미에서 자신들의 발에서 먼지를 털어 버리곤 하였다. 이러한 방법으로 열두 제자들은 몇몇 유대의 동네 사람들은 듣거나 믿으려 하지도 않는 이방 사람들과도 같다고 표시하였다.

예수님은 이렇게 온 지역에 그의 메시지와 사역을 믿을 수 있도록 기회를 주셨다. 누가는 열두 제자들이 여러 곳으로 갔다고 언급하였는데, 나라 안의 여러 곳이라기보다는 갈릴리 지역 내의 여러 곳인 것으로 추측된다.

2. 예수님께 관하여 헤롯이 물어봄
(9:7~9; 마 14:1~2; 막 6:14~29)

9:7~9 열두 제자들이 마을과 도시를 지날 때에, 그들의 사역은 많은 주의를 끌었다. 분봉 왕으로서 갈릴리 지역에 대한 책임이 있는 헤롯마저도 (참조, 3:1) 그들의 사역에 관하여 들었지만 그것을 이해하지는 못하였다. 분명히 부활을 믿지 않았던 헤롯은 그가 예전에 요한을 죽였기 때문에 예수님이 세례 요한은 아니라는 것을 알았다. 다른 사람들은 예수님이 엘리야나 죽었다가 다시 살아난 구약의 예언자들 가운데의 한 사람일지도 모른다고 말하고 있었다. 이야기 속에 나오는 누가의 요지는 모든 사람, 심지어 정부의 가장 높은 지위에 있는 사람들 중에서도 예수님과 열두 제자의 사역에 관하여 이야기하고 있었다는 내용인 것 같다.

3. 5천명을 먹이신 예수님
(9:10~17; 마 14:13~21; 막 6:30~44; 요 6:1~14)

5천명을 먹이신 일은 사복음서 안에 공통적으로 기록된 유일한 예수님의 기적이다. 여러 면에서 그것은 예수님의 기적 사역들 중의 정점이다. 그것은 그분의 제자들에게 믿음을 심어 주기 위하여 이루어졌다.

9:10~11 누가는 이제 열두 제자를 **사도들**(아포스톨로이[ἀπόστολοι]) 이라고 부른다. 예수님은 이전에 그들을 그렇게 부르셨다(6:13). 사도들은 가버나움에 있는 예수님의 고향으로 돌아온 것으로 추측된다. 예수님은 그들을 벳새다로 데리고 가셨는데, 그곳은 갈릴리 바다의 북동쪽 요단 강 건너편에 있었다(그렇지만 어떤 이들은 벳새다가 가버나움의 남서쪽에 있는, 오늘날 타브가로 알려진 도시였다고 말하고 있다). 여느 때와 같이, **무리가 그를 따랐다.** 예수님은 하나님의 나라에 대한 말씀을 전하기 시작하셨다. 그는 열두 제자들을 말씀을 전하러 보내셨고, **병 고침이 필요한 자들을 치료하셨다.** 이어서 행해진 기적은 예수님이 그의 백성들을 위하여 충분히 공급하실 수 있는 메시아라는 사실을 극적으로 보여 주었다.

헤롯은 예수님이 누구인지에 대하여(9:7~9) 의문을 제기하였다. 후에 예수님은 똑같은 질문을 하셨다(18~20절) 5천명을 먹이신 일은(10~17절) 제자들에게 예수님이 진실로 메시아시라는 사실에 대한 진리를 공고히 하였다.

9:12~17 무리는, 제자들이 예수님께 음식과 쉴 곳을 찾을 수 있도록 떠나보내기를 원하였던 것으로 보아, 분명히 그 지방 사람들은 아니었다. 만약에 사람들이 근방에서 살고 그들의 가정으로 돌아갈 수 있었다면 이러한 제자들의 말은 필요 없었을 것이다. 예수님이 제자들에게 **사람들에게 먹을 것을 주라**고 말씀하셨을 때에, 그는 당신의 사람들에게 군중들을 만족시키는 것은 인간적으로 불가능한 것이라고 말씀하셨다. 제자들은 이것을 시인하였고 만약에 그들이 사람들을 먹여야 한다면 사람들을 위하여 **음식을 사 와야만** 한다고 주장하였다. 제자들은 그곳에 **빵 다**

섯 덩어리와 물고기 두 마리가 있을 뿐이라고 주장하였는데 분명히 그러한 큰 무리의 사람들을 위해서는 충분치 못한 분량이었다. 남자 5천명(안드레스[ἄνδρες]: 남자들)은 거기 있던 여자와 어린이들을 포함하지 않은 대략적인 계수에 의한 숫자였다(마 14:21). 여자와 어린이들까지 계산하였다면, 총계는 만 명이 넘었을 것이다.

음식을 나누어 주기 편하도록 사람들을 50명씩 **그룹별로 앉도록** 한 후에, 예수님은 하나님 아버지께 감사드리고 음식을 떼어 주셨고 제자들은 심부름을 하였다. 식사가 끝난 후에 음식의 남은 부스러기가 **열두 바구니나** 모아졌는데, 아마도 여러 제자들이 음식을 먹기 위한 바구니를 이렇게 준비한 것 같다. 바구니들(코피노이[κόφινοι])이란 말에 사용된 헬라어 단어는 유대인의 상거래에서 전형적인 말로 생각된다. 4천명을 먹이고 남았던 일곱 광주리(막 8:8)는 다른 종류의 바구니였다.

예수님은 이러한 나눔의 행위로 그 자신을 이스라엘 나라에 충분히 나타내셨다. 그는 만약에 백성들이 그의 말씀을 믿는다면 번영을 주실 수 있는 분이다. 이 기적은 하나님의 말씀을 말하고 적은 양의 음식으로 많은 사람을 먹이고서도 얼마를 남겼던 엘리사(왕하 4:42~44)를 생각나게 한다.

4. 자신의 신분과 임무에 관한 예수님의 가르침
   (9:18~27; 마 16:13~28; 막 8:27~9:1)

예수님은 이 구절에서 처음으로 당신의 궁극적인 임무—그가 죽으셔야만 한다는 사실—에 관하여 제자들에게 가르치셨다.

9:18~21 이 사건에서, 마가는 가이사랴 빌립보(막 8:27)의 북쪽으로 가는 도중이라고 말하였는데, 예수님은 사람들이 자기에 관하여 **누구라고** 하는지에 관하여(참조, 9:7~9) 묻기 시작하셨다. 예수님은 특별히 제자들이 그를 누구로 생각하는지에 관심이 있으셨다. 베드로는 그룹 전체를 대표하여 답변하기를, 하나님의 **그리스도**(즉, 메시아)라고 단언하였다. 비록 **빵과 고기**의 사건이 있은 지 얼마의 시간이 지나갔지만, 누가가 말하려는 뜻은, 예수님이 제자들의 마음속에 메시아로서의 그의 존재를 단정 짓는 것으로 만족하셨다는 것으로 보인다. 예수님은 아무도 이 일에 대하여 알게 되는 것을 원치 않으셨는데(21절) 그것은 메시아로서 대중 앞에 전해지기에는 아직 그의 때가 아니었기 때문이다. 대중에게 전파하는 일은 좀 더 후일에 될 것이고, 그것은 예수님이 다음에 말씀하시는 내용과 관련된 것으로 보인다.

9:22~27 이 대목의 주제는 죽음(예수님의 죽음과 그를 따르는 자들의 죽음)이다. 그는 유대의 지도자들이 그의 죽음에 두드러진 역할을 할 것이라고 지적하셨다(22절). 예수님은 또한 당신이 부활하게 될 것이라는 첫 번째 지적을 하셨다. 그리고 그를 따르는 자들의 죽음도 논의하셨다. 그들은 죽음과 삶에 대하여 예수님이 가지셨던 것과 똑같은 자세를 가져야만 하였다. 각 사람은 자기 자신을 부인해야만 한다. 즉, 자기 자신의 이익에 대하여 생각하지 않아야 한다. 또한 그는 날마다 제 **십자가를 져야만** 한다. 즉, 그들을 위하여 십자가를 지신 그분이 옳다는 것을 시인하는 것이다(14장 27절의 주해를 보라). 그리고 죽을 때까지 **예수님을 따라야만** 한다.

　예수님이 이 장면에서 하신 말씀들은 그들의 역사적 상황 안에서 이해되어야만 한다. 제자들이 메시아와 그의 왕국의 계획과 그 나라를 말하는 일에 활동적으로 움직인 것은 얼마 되지 않은 일이다. 많은 사람들은 제자들이 자신들의 삶을 포기하였다고 생각한다. 그들은 자기들의 수입의 원천을 포기하였고, 그들이 예수님과 관계를 가지고 있었기 때문에 위험에 처해 있었다. 예수님은 당신의 제자들에게 그들이 올바른 일을 하고 있다고 확신시키셨다. 그들은 적절한 가치들을 선택하였다(9:24~25). 사람들은 믿음으로 응답해야 하고 그 계획과 자신을 일치시켜야 했다(4절). 그 왕국의 계획과 일치하지 않는 사람은 거부되었다(5절). 똑같은 방식으로, 만약 어떤 사람이 그와 그의 말씀(즉, 그의 메시지)을 **부끄럽게 여긴다면**(즉, 그와 함께 하지 아니하거나 그를 믿지 않는 것), 인자도 장차 **그를 부끄럽게 여길 것이다.** 그 세대의 백성들이 예수님과 그의 제자들과 보조를 맞추는 것은 장래의 심판을 피하기 위하여 필수적인 일이었다. 그 심판은 그가 자기의 영광과 또 아버지와 거룩한 천사들의 영광으로 올 때에 일어날 것이다(참조, 살후 1:7~10).

예수님은 또한 여기 서 있는 사람 중에 죽기 전에 하나님의 나라를 볼 자들도 있을 것이다라고 말씀하셨다. 여러 세기 동안 그 구절에 대한 몇 가지 견해가 제시되어 왔다. 일반적으로 다음의 네 가지 견해가 있다.

(1) 예수님은 오순절의 기독교인의 사역의 시작에 관하여 말씀하시고 있는 것이다. 실제로 대부분의 사도들이 오순절 날에 발생한 일들을 보았는데 당시에 유다만이 죽었을 뿐이다. 그러나 오순절을 그 나라에 일치시키는 것은 그 나라에 관한 많은 구약의 가르침과 위배된다. (2) 예수님은 예루살렘의 멸망에 관하여 말씀하셨다. 그러나 무슨 방법으로 그것이 하나님의 나라를 상징화할 수 있는가를 알기 어렵다. (3) 예수님은 제자들이 그와 함께 있어 죽지 않을 것이고 그가 죽은 후에도 계속해서 복

음을 전할 것이라고 언급하셨다. 그러나 그것은 제자들이 잘 알고 있는 구약의 관점에서 이 사실이 어떻게 그 나라와 관련될 수 있는가를 알기 어렵다. (4) 예수님은 변화산 위로 그와 동반하였던 세 사도에 관하여 말씀하셨다. 그 변화는 그 나라의 영광에 대한 예고였다. 이것이 타당한 견해인 것 같다. 누가는 이 가르침(9:27)에 변화산의 기사(28~36절)를 연결하였다.

5. 세 제자들 앞에서 변화하신 예수님
(9:28~36; 마 17:1~8; 막 9:2~8)

9:28~31 팔 일쯤 후에 예수님은 그의 세 제자들을 데리고 기도하러 산으로 올라가셨다. 그러나 마가는 그 사건이 6일 후에 발생한 것으로 기록하였다(막 9:2). 마가의 기록은 두 사건 사이의 날들에 대하여 말한 것이고, 누가의 기록은 변화가 발생한 날들에 예수님이 가르치신 날들을 포함시킨 것으로 이해한다면 두 기사들이 상반되는 것은 아니다. 변화산 사건은 가이사랴 빌립보 근방의 헤르몬 산 위에서 발생하였을 것이다(참조, 막 8:27). 그러나 어떤 이들은 다볼 산이라고도 말한다. 변화할 때에 세 가지 사건이 발생하였다.

1. 예수님의 얼굴과 옷이 번갯불과도 같이 환하게 빛이 났다. 이것은 율법의 돌판을 받았을 때 밝은 빛으로 빛났던 모세의 얼굴을 생각나게 한다(출 34:29~35).
2. 모세와 엘리야가 나타나서 예수님과 함께 이야기했다. 모세와 엘리야의 몸은 발견된 적이 없었다. 하나님이 모세의 몸을 장사 지내셨고

(신 34:5~6), 엘리야는 죽지 않고 하늘로 들려 올라갔다(왕하 2:11~12, 15~18). 이 두 사람은 이스라엘의 처음과 나중을 대표하는데, 모세의 경우에는 율법의 수여자로서 국가를 창설하게 되었고, 엘리야는 크고도 두려운 주의 날이 될 때에 다시 오기로 되어 있었다(말 4:5~6).

3. 모세와 엘리야는 예수님이 예루살렘에서 이루려고 하시는 일, 곧 그의 떠남(엑소돈[ἔξοδον]: 외출하다, 가 버리다)에 관하여 이야기했다. '떠남'이란 야웨께서 애굽으로부터의 탈출 가운데에서 이스라엘을 구출하신 것과 같이, 예수님이 구원을 이루시기 위하여 세상을 떠나실 것을 가리키는 것이다. 이 떠남은 예루살렘에서 이루어지기로 되어 있었다. 이러한 점에서, 예수님은 자신이 예루살렘을 향하여 떠날 것이라고 여러 번 지적하셨다(9:51, 53; 13:33; 17:11; 18:31).

예수님은 그 당시에 그의 기적에 대한 소문이 널리 퍼지는 것을 원하지 않으셨는데, 그것은 예루살렘에서 성취되어야만 할 일이기 때문이었다. 이것은 엘리야와 모세의 말에 의하여 확인이 되었다.

9:32~33 세 제자가 예수님과 함께 있었다. 이 숫자는 모세의 세 동역자들(아론, 나답, 아비후)을 회상할 수 있게 하는데, 이들은 하나님을 본 사람들이다(출 24:9~11). 베드로, 야고보, 요한은 변화가 시작될 때에 깊이 졸고 있었다. 후일에 이들 셋과 또 다른 이들은 예수님이 동산에서 기도하실 때에도 자고 있었다(22:45). 제자들은 깨어나자 영광스러운 그 상황에 압도당하였다. 그들은 자기들이, 초막 셋을 지어야 한다고 말했던 베드로가 생각하는, 그 왕국의 배경 속에 있다는 것을 깨달았다. 베드로는 다가올 왕국과 관련하여 오랫동안 기다려 왔던 초막절 절기를 생각하

고 있었던 것으로 보인다(참조, 슥 14:16~21). 베드로는 그 왕국이 도착했다고 추측한 것으로 보인다.

누가는 베드로가 자신이 무슨 말을 하고 있는지 몰랐다고 편집적으로 언급했다. 베드로가 그 왕국 배경의 의미를 오해했다는 것은 아니다. 그는 그 점에서는 옳았다. 문제는 그가 고난을 당할 것이라는(9:23~24) 예수님의 예고를 잊었다는 것이다.

9:34~36 베드로가 말하는 동안, 구름이 그들을 덮었다. 문법적으로 '그들'이라는 단어는 세 제자, 또는 여섯 사람 모두(예수님, 모세, 엘리야, 그리고 세 제자들)를 언급할 수 있다. 그러나 예수님과 하늘의 방문자들을 언급하는 것으로 보는 것이 더 옳은 듯한데, 제자들이 두려워하고 있던 때였기 때문이다. 구름은 자주 하나님의 현존의 위엄의 상징으로 사용되었다(출 13:21~22; 40:38). 제자들은 아마도 예수님이 들려지신 것이며, 또한 그를 결코 다시는 보지 못할 것이라고 생각했을 것이다. 예수님이 세례 받으실 때와 같이(3:22), 여기서도 그 일을 증거하는 음성이 들렸다: 이는 나의 아들 곧 택함을 받은 자니 너희는 그의 말을 들으라. 구약성경에 나타나는 귀에 익은 그 말씀은 즉각적으로 모세보다도 더 큰 예언자라는 메시아의 예언이 담긴 신명기 18장 15절의 말씀("그의 말을 들으라"는 말 속에서)을 깨닫게 한다. 백성들은 그 예언자의 말을 들어야(즉, 순종) 하였다.

갑자기 제자들은 예수님이 홀로 계신 것을 보았다. 그때에 그들은 자신들이 본 것에 대하여 아무에게도 이야기하지 못했다. 그 변화의 경험은 예수님의 예고를 성취시킨 것이었다(9:27). 제자들 가운데 셋은 그들이 죽기 전에 하나님 나라의 명백함을 보게 되었다(벧후 1:16~19).

6. 귀신 들린 소년을 고치신 예수님
(9:37~43; 마 17:14~18; 막 9:14~27)

9:37~43 그 변화는 밤에 발생한 것 같다. 왜냐하면 다음 날 넷은 산에서 내려오고 어떤 무리가 예수님을 만났다고 누가가 기록하였기 때문이다. 한 사람이 예수님께 귀신 들린 그의 아들을 보아 달라고 간청하였는데, 이는 다른 제자들이 도울 수 없었던 일이다. 제자들과는 대조적으로, 예수님이 그 소년을 도울 수 있었던 것은 바로 그분이야말로 세상을 도울 수 있는 유일한 분이셨기 때문이다. 제자들은 그분 없이는 무력하였다. 소년이 고침 받자 무리는 하나님의 위대하심에 놀랐다(엑세플레쏜토 [ἐξεπλήσσοντο]: 그들의 마음에 충격을 받다. 참조, 2:48; 4:32).

7. 자기의 죽음을 가르치신 예수님(9:44~45)

9:44~45 무리가 놀라고 있을 때에, 예수님은 제자들에게 두 번째로 그가 사람들의 손에 팔려 죽게 될 것이라고 가르치셨다. 그러나 그 말뜻이 숨겨져서 그들이 깨닫지 못하였다. 아직도 제자들은 영광의 권능을 가지신 예수님이 어떻게 비천하게 죽임을 당할 수 있는가에 대해서 혼란스러워하고 있었다. 그들은 그의 기적들과 그의 예언에 대한 백성들의 반응과 이스라엘 나라가 그에게 등을 돌리고 그를 죽이고자 돌아선다는 것을 연결시킬 수 없었다.

8. 큰 자에 대하여 가르치신 예수님

(9:46~50; 마 18:1~5; 막 9:33~40)

9:46~50 이 구절(9:1~50)은 큰 자에 대한 제자들의 자세에 관한 예수님의 가르치심으로 끝이 난다. 그는 제자들에게 그 나라를 실현하실 메시아로서 알려져 있었다. 아마도 이 사실은 그 나라 안에서 누가 가장 높은가에 대한 논쟁으로 발전하였다. 예수님은 **너희 중에 가장 작은 자가 큰 자**라는 원리를 선언하셨다. 메시아이신 예수님은 항상 섬기는 생활을 하셨으며, 모든 사람을 위해서 기꺼이 자기 자신을 십자가에 내어 놓으셨다.

큰 자에 대한 이 토론과 대구를 이루는 구절은, 어떤 사람이 **예수님의 이름으로 귀신을 쫓아내려고** 할 때 요한이 막았다고 했던 구절이다. 요한이 그렇게 행동을 한 이유는 그 **사람이 제자들 중의 한 사람이 아니라**는 데 있었다. 아마도 요한은 그 열둘에 속하지 않은 다른 사람이 귀신을 쫓아낼 수 있다면 제자들의 위대함이 없어질 것이라고 생각했음에 틀림없다. "**너희를 반대하지 않는 자는 너희를 위하는 자니라**"는 말은 그 열둘만이 유일한 하나님의 사절단이라고 여기지 말라는 것을 의미한다. 오히려 그들은 하나님의 능력이 이 지구상 다른 모든 사람들에게도 나타난다는 것을 기뻐해야 했다. 만약 그들이 이러한 자세를 보여 주었다면, 그것은 그들이 메시아의 진실한 종임을 나타내는 것이다.

Ⅴ. 예루살렘을 향한 예수님의 여행(9:51~19:27)

이 긴 본문은 두 부분으로 나뉜다: (1) 예수님이 예루살렘으로 여행하는 도중 대부분의 사람들이 예수님을 거부함(9:51~11:54). (2) 이러한 거부에 대해서 예수님이 그의 추종자들에게 말씀하심(12:1~19:27).

그 이전의 본문(4:4~9:50)은 예수님의 갈릴리 사역에서 그의 권위와 정당성을 다루고 있다. 그 다음 부분에서는 정당성이 더 이상 문제되지 않는다. 이제 남은 문제는 사람들의 승인이다. 그리하여 그는 반대에 부딪칠 때에 어떻게 살아가야 하는지를 제자들에게 가르치기 시작하셨다.

A. 예루살렘을 향한 여행 도중에서의 사람들의 거부 (9:51~11:54)

이 구절은 사마리아의 한 촌에서 사람들이 예수님을 거부한 것에서부터 시작한다(9:51~56). 물론 사마리아 사람들이 예수님을 거부하리라는 것은 예상된 일이었으나, 이것은 다음에 어떤 일이 일어날 것이라는 유형을 제공해 준다. 이 거부는 예수님이 귀신을 쫓아내셨을 때 절정에 이른다(11:14~54).

1. 예수님과 사마리아인들(9:51~10:37)

a. 사마리아 한 촌에서의 예수님에 대한 거부(9:51~56)

9:51~56 예수님의 용모가 변화되고, 모세와 엘리야와 함께 예루살렘에서 십자가에 못 박히실 것에 대해서 이야기하신 후에, 예수님은 결연히 예루살렘을 향해 출발하셨다. 예수님이 예루살렘으로 가실 때 몇 가지 경로가 있었지만, 누가는 예수님이 예루살렘에 오셔서 그 자신을 메시아로 나타내시고 떠나실 것에 초점을 맞추고 있다. 가시는 도중에 예수님은 전령을 앞에 보냈지만, 사마리아인들은 환영하지 않았다. 왜냐하면 예수님 자신이 예루살렘을 향해 가고 계셨기 때문이다.

유대인과 사마리아인들의 갈등은 수백 년 동안 계속되어 온 것이었다. 특별히 제자 야고보와 요한은 불을 명하여 하늘로부터 내려 저희를 멸하라 하기를 원하시느냐고 말했다. 그들은 의심할 여지없이, 하나님의 사역을 반대한 사람들을 불로 멸망시켰던 엘리야를 생각하고 있었다(왕하 1:9~12). 그러나 예수님은 오히려 참으라고 하셨다. 그것은 예수님과 그의 제자들을 반대하는 것이 옳았다는 의미는 아니다. 예수님을 거부한 사마리아인들은 그것으로 인해 심판을 받게 될 것이다. 어쨌든 더 중요한 사실은 예수님이 예루살렘을 향해 가셔야만 했다는 것이다.

b. 제자들이 감당해야 할 헌신에 대한 예수님의 가르침
(9:57~62; 마 8:19~22)

누가는 예수님이 예루살렘으로 여행하실 때 동참하기를 원했던 세 사람을 소개한다.

9:57~58 한 사람이 다가와서 그들이 어디로 가든지 좇기를 원한다고 말한다. 예수님은 그를 좇기를 원하는 자는 일반적인 필요를 포기해야만 한다고 대답하신다. 예수님 자신과 그의 제자들은 집이 없었다. 그들은 예수님이 죽음을 당하실 예루살렘으로 가는 도중이었다.

9:59~60 예수님은 그의 제자들을 부르셨을 때와 같은 말로 또 다른 사람에게 말씀하셨다(5:27). 그가 먼저 가서 그의 부친을 장사하게 허락해 달라고 한 것은 여러 가지로 해석될 수 있다. 어떤 사람들은 그 사람의 아버지가 이미 죽었다고 주장한다. 그렇지만 이 주장은 이상하게 보인다. 왜냐하면 그가 벌써 장례 의식에 참석하고 있어야 했기 때문이다. 따라서 그 부친이 막 임종을 맞으려고 하고 있었던 것 같다. 그래서 그는 예수 님께 잠시 동안만 기다려 달라고 요청한 것이다. 아마도 그 남자는 아버지의 유산을 받기 원했던 것 같다.

죽은 자들로 자기의 죽은 자들을 장사하게 하라는 예수님의 대답은 영적으로 죽은 자들은 육체적으로 죽은 자들을 장사할 수 있다는 것을 의미한다. 가장 중요한 요점은 하나님의 나라를 전파하는 것이 너무나 중요해서 기다릴 수 없다는 것이다. 물론 그 사람이 즉시 예수님을 좇았다면, 그 사건은 공동체에 물의를 일으켰을 것이다. 그러나 그것은 하나님의 나라를 선포하고 예수님을 좇는 것보다 훨씬 덜 중요한 일이다. 제자 된 자는 철저히 헌신해야 한다.

9:61~62 세 번째 사람은 집으로 가서 그의 가족에게 작별을 하겠다고

했다. 엘리야는 엘리사가 밭을 갈 때 그의 부모에게 작별 고하는 것을 허락했다(왕상 19:19~20). 그러나 예수님의 말씀은 하나님의 나라에 대한 그의 말씀이 다른 어떤 것(심지어는 가족)보다 중요하다는 것을 강조한다. 하나님의 말씀과 메시아는 지체될 수 없었다. 예수님의 말씀은 엘리야의 말보다 더 중요했으며 전적인 헌신을 요구했다. 예수님의 종은 밭을 갈다가 뒤를 돌아보는 농부처럼 이윤을 계산하는 자가 되어서는 안 되는 것이다. 예수님은 예루살렘으로 가는 도중에 계셨으므로 그 사람은 그가 무엇을 할 것인가에 대해서 즉시 결정을 내려야만 했다. 흥미롭게도 누가는 예수님과 그 세 사람이 나눈 대화의 결과를 기록하지 않았다.

c. 말씀 전파를 위한 예수님의 제자 파송(10:1~24)

(1) 일흔두 명의 제자를 선택하심(10:1~16)
10:1~12 예수님이 일흔 두명의 제자에게 분부하셨다. 어떤 그리스어 사본은 1절과 17절에 나오는 제자수를 '70'으로, 다른 사본은 '72'로 기록하고 있는데 둘 다 상당한 근거가 있다. 여기 일흔두 명은 열두 제자 이외의 사람들이다. 열두 제자는 분명히 예수님의 전도 여행 기간에 그와 함께 있었다. 일흔두 명은 예수님이 어떤 마을에 들어가실 때, 그곳 사람들이 그를 맞이하도록 그 길을 예비하게 되어 있었다.

"주인에게 청하여 추수할 일꾼들을 보내 주소서 하라"고 예수님이 말씀하셨을 때 그가 암시하신 것은 청하는 자들 또한 일꾼이 되어야 한다는 것이었다(2절). 그들의 사역은 위험한 것이었고(3절) 신속을 요하는 일이었다(4절). 일흔두 명의 제자들은 그들이 전하는 복음을 받아들인 자들이 부양하게 되어 있었다(7절). 사람들이 제자들을 어떻게 맞아들이는가를 보고 그들이 하나님 나라의 복음을 받아들였는지의 여부를 알게 될 것이다. 복음을 받아들이는 동네에 전해야 할 소식은 "하나님의 나라가 너희에게 가까이 왔다"는 것이었다. 대망의 메시아는 오고 있었고, 그분은 하나님 나라가 임하도록 할 수 있었다. 하나님 나라의 소식을 받아들이려 하지 않는 동네에도 하나님의 나라가 이미 다가왔다고 전해야만 하였다("발에서 먼지를 떨어 버리라"는 말의 의미에 관해서는 9장 5절의 주해를 보라).

10:13~16 일흔 두명의 제자들을 배척하는 것은 예수님과 하나님 아버지를 배척하는 것이므로 예수님은 제자들을 배척하는 주변의 마을에 대해 경고하셨다(16절).

그는 '고라신'과 '벳새다' 두 도시를 예로 드셨는데, 이 두 도시는 갈릴리 호수 북쪽, 그가 사역 초기에 기적을 행하셨던 지역에 있는 도시였다. 그는 또한 자신이 고향으로 여기셨던 '가버나움'도 예로 드셨는데, 이 도시도 그가 기적을 많이 보여 주신 지방에 있는 도시였다. 그가 하신 말씀의 뜻은 명백하다: 즉 그러한 도시들(다른 도시들의 예로 등장한 도시들도 물론)이 주님의 이적과 말씀 선포의 혜택을 받지 못한 **두로와 시돈**(참조, 12절의 '소돔') 같은 이방 도시들보다 훨씬 더 엄하게 심판받게 될 것이라는 내용이었다.

(2) 일흔두 명의 제자의 보고(10:17~20)
10:17~20 제자들이 돌아왔을 때, 그들은 귀신들조차도 예수님의 이름을 가진 자기들에게 복종했다는 사실에 기뻐하였다. 이것은 예수님이 그들에게 **권세**를 주셨으므로 당연한 것이었다. 예수님에 의하여 사탄의 세

력은 부서졌으므로 제자들은 그러한 권세를 가질 수 있었다. 예수님은 그들에게 "사탄이 하늘로부터 번개같이 떨어지는 것을 내가 보았노라"고 대답하셨다. 이것은 사탄이 바로 그 순간에 쫓겨났다고 말씀하신 것이 아니라, 그의 세력이 부서졌으며 그가 예수님의 권세에 복종하게 되었다는 의미였다. 그러나 예수님은 그들이 기뻐하는 이유가 예수님의 이름으로 할 수 있었던 행위 때문이 아니라 그들의 이름이 하늘에 기록된 사실 때문이어야 한다고 말씀하셨다. 믿는 자는 하나님과 믿는 자와의 인격적인 관계가 기쁨의 이유여야 한다. 사역자들에게 주어진 권세와 뱀과 전갈로부터 아무런 해도 입지 않을 것이라는 약속은 이런 특별한 상황에 주어진 것이었다.

(3) 예수님이 성령으로 기뻐하심(10:21~24; 마 11:25~27)
10:21~24 예수님께서는 성령을 받아 기쁨이 충만하셨다(20절의 일흔 두 명의 제자의 기쁨과 비교해 보라). 누가는 예수님의 삶 가운데 나타나는 성령의 사역에 대해 자주 언급하고 있다. 여기에서 하나님이 삼위이심이 명백히 드러난다: 즉, 아들이신 예수님은 성령의 능력으로 아버지의 뜻을 행하신다. 각 위는 독특한 기능을 가지고 계신다(21~22절).

예수님을 따르는 사람들은 세상에서 그다지 중요한 사람들도 아니고, 지혜롭고 현명한 자로 여겨지지도 않았다. 그들은 하나님 나라에 들어가기 위해 어린아이들처럼 되었으며, 그럼으로써 아들과 아버지를 알게 되었다.

예수님의 제자들은 구약의 많은 선지자와 임금이 그렇게 보고자 했던 메시아의 날인 복된 시대에 살고 있었다.

d. 이웃에 대한 예수님의 가르침(10:25~37)

10:25~37 착한 사마리아 사람의 비유는 아마 누가복음에 나오는 비유 중 가장 잘 알려진 이야기일 것이다. 이 이야기는 두 각도에서 해석되어야 한다. 첫 번째는 사마리아 사람처럼 어떤 사람이든지 곤경에 처한 이웃을 도와야 한다는 것이다(37절). 만일 어떤 사람이 이웃에 대한 애정을 가지고 있다면 그는 **이웃을 돌아보고** 도움을 줄 것이다. 그러나 예수님이 배척되는 상황하에서 우리가 주목해야 할 것은 유대의 종교 지도자들이 강도들 사이에 쓰러져 있는 사람을 내버려 두었다는 사실이 이비유에 나타나 있다는 것이다. 사람대접도 받지 못하는 사마리아 사람이 강도 만난 자를 도운 유일한 사람이었다. 예수님은 사마리아 사람과 같았다. 그도 도외시된 존재로서 죽어 가는 사람들을 찾아 구원하려는 사람이었다. 기존의 종교 체제는 정면으로 그를 배척하였다.

이 비유의 주제는 바리새인들에게 하신 예수님의 말씀을 생각나게 한다(7:44~50). "예수님은 그를 필요로 하는 자들에게 찾아가신다"는 주제는 점점 더 분명히 드러나게 되었다.

어떤 율법사가 예수님께 물었다. "선생님, 내가 무엇을 하여야 영생을 얻으리이까?" 이 질문은 여러 가지 상황 속에서 계속 제기되었다(마 19:16~22; 눅 18:18~23; 요 3:1~15). 그 질문은 이 경우 본문 가운데서 볼 수 있듯이 두 가지 관점에서 진지하지 않았다: (1) 그 율법사는 예수님을 시험하려 했다(그는 예수님을 '선생님'이라 불렀는데 디다스칼레 [διδάσκαλε]라는 이 말은 누가의 용어로는 유대의 랍비와 같은 말이다). (2) 예수님이 그 율법사의 질문에 대답하신 후에 누가는 그 율법사가 자기를 옳게 보이려고 했다고 기록하고 있다(10:29).

예수님은 그 율법사의 질문에 두 가지 다른 질문으로 답변하시면서, 그 율법 전문가를 구약의 율법으로 돌아가서 생각하도록 만드셨다. 그 율법사는 신명기 6장 5절과 레위기 19장 18절을 인용함으로써 **정확하게** 대답하였다. 사람은 율법을 잘 지키기 위하여 **하나님을 사랑하고** 이웃을 사랑하여야 한다. **예수님**께서는 사람이 **이 계명**을 잘 지키면 **영생을 얻을 것**이라고 확실히 말씀하셨다.

그 율법사의 대답은 마땅히 "어떻게 제가 이것을 할 수 있겠습니까? 저는 할 수 없습니다. 저는 도움이 필요합니다"라는 것이어야 했다. 그러나 그는 오히려 "자신을 정당화시키려" 하였다. 즉 예수님의 말씀이 의미하는 바에 대하여 자신을 변호하려 했다. 그래서 그는 "그러면 **내 이웃이 누구니이까?**"라고 질문함으로써 초점을 자신에게서 다른 곳으로 옮기려 하였다.

예수님은 착한 사마리아 사람의 비유로 그에게 대답하셨다. **예루살렘**에서 **여리고로** 가는 길은 직선거리 약 27킬로미터에 내리막 경사가 914미터나 된다. 그 길은 가파르고 굽은 길을 따라 **강도들이** 숨어 있어 여행하기에는 위험한 길이었다. 다른 사람들을 사랑할 것이라 기대되는 **제사장**은 동포 유대인임이 분명한 사람이 상처 입은 것을 보고도 **그 사람을** 피해 갔다.

레위인들은 아론이 아니라 레위의 후손들로 성전에서(아론의 후손들인) 제사장들을 돕고 있었다. 사마리아인들은 유대인 조상들과 이방인 조상들의 피가 섞인 혼혈족이라 하여 유대인들로부터 멸시를 당하고 있었다. 이런 상황에서 **사마리아인이 거의 죽게 된 사람을** 도와 상처를 싸매 주고 **그를 여관으로 데리고 가서,** 그의 치료비를 지불했다는 것은 아이러니하다.

예수님은 누가 강도 만난 자의 이웃이 되겠느냐라고 물으심으로써 (10:36) 사람이 곤경에 처한 사람을 만나면 그가 누구이든지 그를 도와야 한다고 가르치고 계셨던 것이다. 극적 의미에서의 이웃은 바로 예수님 자신이었다. 그의 따뜻한 사랑은 죽어 가는 사람들에 대해 전혀 연민의 감정을 가지고 있지 않았던 유대의 종교 지도자들과 뚜렷이 대조가 되었다. 예수님은 자기를 따르는 자들은 그 참된 이웃처럼(37절) 살아야 한다는 계명으로 가르침을 종결지으셨다.

2. 예수님의 말을 경청하는 것이 세상에서 제일 중요한 일이라는 가르침(10:38~42)

10:38~42 이 구절의 요지는 사람들이 집안의 허드렛일에 신경을 쓰지 말아야 한다는 뜻이 아니라 "예수님에 대한 바른 태도는 그의 말씀을 듣고 그 말씀에 순종하는 것이다"라는 의미이다. 마르다가 예수님을 자기 집으로 모신 동네는 예루살렘에서 동쪽으로 몇 마일 떨어져 있는 베다니였다(요 11:1~12:8). 예수님은 베다니에서 지상에서의 마지막 한 주간을 보내셨다. 예수님의 말씀에 귀 기울이며 앉아 있는 마리아와 식사 준비로 분주한 마르다가 극명하게 대비되어 묘사되고 있다. "혹은 한 가지만이라도 족하니라"는 구절(10:42)은 예수님의 말씀을 듣는 일을 가리키는데, 마리아는 좋은 편을 택하였다. 같은 주제가 8장 1~21절에도 나와 있다.

3. 기도에 대한 예수님의 가르침(11:1~13)

11:1 예수님은 그의 생애 가운데서 중대한 위기를 만날 때마다 기도하

셨다. 세례 받으실 때(3:21), 제자들을 선택하실 때(6:12)에도 기도하셨다. 그는 자주 혼자서 기도하셨고(5:16; 9:18), 또 주위에 있는 사람들과 같이 기도하시기도 했다(9:28~29). 그는 시몬을 위하여 기도하셨으며 (22:32), 그가 자신을 배반하기 전에도 동산에서 기도하셨다(22:40~44). 그는 심지어 십자가 상에서도 기도하셨다(23:46). 예수님의 기도하는 삶에 감명을 받고 제자 중 하나가 자기들에게도 기도를 가르쳐 주시기를 청하였다.

a. 예수님의 기도의 모범(11:2~4; 마 6:9~15)

11:2~4 예수님은 이 기도의 모범에서 아버지라는 친밀하고도 직접적인 단어를 사용하여 기도를 시작하셨다. 이것은 예수님의 기도에서 볼 수 있는 하나님을 지칭하는 좀 색다른 방법이었다(참조, 10:21). 그러고 나서 그는 다섯 가지를 구하셨다. 처음 두 가지는 하나님이 유익을 얻으시는 문제를 다루었다. 첫 번째 기도는 하나님의 이름이 거룩하게 되는 것이었다(하기아스데토[$\dot{\alpha}\gamma\iota\alpha\sigma\theta\dot{\eta}\tau\omega$]는 하기아조[$\dot{\alpha}\gamma\iota\dot{\alpha}\zeta\omega$]라는 동사의 수동 명령형으로 '구별된다' 또는 '신성하게 된다' 또는 여기에서와 같이 '거룩한 것으로 여기다'라는 뜻이다). 이렇게 첫 번째 간구는 사람들에게서 하나님의 이름이 높임 받기를 위한 것이었다.

두 번째 간구는 "나라가 임하시오며"였다. 세례 요한, 예수님, 열두 제자, 일흔두 명의 제자들은 하나님 나라의 도래를 선포하고 있었다. 만일 어떤 사람이 하나님 나라의 도래를 위해 기도한다면 그는 예수님과 그의 제자들이 전하는 복음에 공감하고 있는 것이다.

세 번째 간구는 **일용할 양식**을 위한 것이었다. 빵이란 말은 양분을 공급하고 배를 채우는 음식물을 지칭하는 일반적인 용어이다. 그러므로 세 번째 기도는 매일의 삶을 지탱케 하는 음식물의 공급에 대한 기도이다.

네 번째 간구는 하나님께 대한 사람의 관계, 즉 죄 용서에 관한 것이었다. 누가는 이미 죄의 용서를 믿음과 연결 지었다(7:36~50). 죄를 용서해 달라고 할 때, 사람은 하나님이 그를 용서해 주실 것이라는 믿음을 표현하게 된다. 그런 사람은 이제 다른 사람들을 용서해 줌으로써 자기의 믿음을 확증하게 되는 것이다.

다섯 번째 간구는 "우리를 시험에 들게 하지 마시옵소서"이다. 하나님은 사람들이 죄짓는 것을 원하시지 않는데 왜 그런 기도를 하는가? 이것은 예수님을 따르는 사람들은 그들을 죄짓게 만드는 상황에서 빠져나올 수 있도록 기도해야 한다는 뜻이다. 예수님의 제자들은 율법 전문가들과는 달리(10:25~29), 자신들이 얼마나 쉽게 죄에 빠져 드는가를 인식하고 있었다. 그러므로 예수님을 따르는 자들은 하나님께 올바른 생을 살아갈 수 있도록 도움을 요청할 필요가 있다.

b. 두 가지 비유를 통한 예수님의 기도에 대한 가르침(11:5~13)

11:5~8 첫 번째 비유는 기도에 있어 줄기찬 인내에 초점을 맞추고 있다. 누가복음에는 잘못된 예를 보여 줌으로써 바른 교훈을 깨닫게 하는 경우가 많다(참조, 16:1~9; 18:1~8). 시달림을 받지 않으려는 사람과 그 백성이 자기에게 기도하기를 원하시는 하나님이 대비되어 나타나 있다(11:9~10). 그래서 예수님은 사람들이 기도할 때 끈기 있게 매달리도록 – 하나님의 마음을 돌이키게 하려는 것이 아니라 끈기 있게 기도하여 그들이 구하는 것을 받을 수 있게 되기를 – 격려하셨다.

11:9~13 두 번째 비유는 하늘 아버지께서는 자기 자녀들에게 해로운 것이 아니라 **좋은** 것을 주신다는 것에 초점을 맞추고 있다. 예수님은 하나님의 백성들에게 구하라고 권고하셨다.

예수님은 육신의 아버지도 그들의 자녀들에게 해로운 것보다는 **좋은** 것을 준다고 설명하셨다(어떤 종류의 물고기는 뱀처럼 보일 수도 있고, 희고 커다란 전갈의 몸통은 계란으로 오인될 수도 있다). 하물며 하늘 아버지께서 그 자녀들에게 더 **좋은** 것을 주시지 않겠는가?

예수님은 이 좋은 선물이 다름 아닌 예수님을 따르는 자들이 받을 가장 중요한 선물인 **성령**이라고 말씀하셨다(참조, 행 2:1~4). 하늘 아버지께서는 하늘에 속한 선물과 땅에 속한 선물을 다 주신다. 오늘날의 신자들은 (성령을 받기 위한) 제자들의 이 기도가 오순절 날 이루어졌으므로 성령을 받기 위한 기도는 하지 않는다(참조, 롬 8:9).

4. 예수님을 더 심하게 배척함(11:14~54)

이 부분에서는 예수님과 그의 메시지가 더욱 심하게 배척되는 것을 기록하고 있다. 이에 대하여 기록한 후에 누가는 어떻게 제자들이 그런 상황에서 살아 나가야 하는가에 관한 예수님의 말씀을 기록하고 있다.

a. 예수님이 귀신의 권세를 가졌다고 비난받으심
   (11:14~26; 마 12:22~30; 막 3:20~27)

누가복음에는 '귀신,' '귀신들'이라는 말이 6번, '악한 영(들)'(KJV에는 '더러운 영들')이라는 말이 8번이나 나온다. 예수님은 그의 메시아적 권능의 표징인 귀신을 제어하는 권세를 가지고 계셨다(7:21; 13:32). 귀신들도 그 권세를 인정하였으며(4:31~41; 8:28~31), 예수님의 적대자들도 그러했다(11:14~26). 예수님은 사람들에게 귀신을 제어하는 권세를 주셨으며(9:1), 그의 귀신을 제어하는 권세는 무리를 놀라게 했다(4:36; 9:42~43).

11:14~16 예수님이 말 못하는 사람에게서 귀신을 쫓아내시는 것을 보고 그중에 몇 사람이 예수님이 귀신의 힘, 즉 **바알세불**의 힘을 빌어 그 일을 행했다고 말하였다. 이 '바알세불'이라는 이름은 귀신의 우두머리에 붙여진 칭호인데 분명히 사탄을 말하며, 어원적으로는 '귀신의 왕'이지만 파리를 만들고 주관하는 '파리의 신'을 나타내는 언어의 유희로 와전되어 사용되었다(참조, 왕하 1:2). 비난의 내용은 예수님이 사탄에게 사로잡혀 있다는 것이었다. 두 번째 그룹의 사람들은 예수님이 **하늘로부터 오는 표적**을 보여 주기를 원했다. 그러나 누가가 그들을 첫 번째 그룹과 연결시켰고, 그들이 예수님을 시험하려 했다고 말한 것으로 보아 그들의 요구는 진지하지 않았던 듯하다.

11:17~20 예수님은 두 가지로 대답하셨다. 첫째로 사탄이 자기편인 귀신을 쫓아낸다면, 자기 나라와 자기 지위가 약해질 터인데 그것은 말도 되지 않는 일이다. 둘째로 예수님은 자신을 반대하는 자들의 이중적인 기준을 지적하셨다. 만약 그들의 **추종자들**이 귀신을 쫓아냈다면, 그들은 그것이 하나님의 능력에 의한 것이라고 주장할 것이다. 마찬가지로 예수님도 귀신을 내쫓았으니 그것도 하나님의 손, 즉 그분의 **능력**에 의한 것이라고 주장할 수 있다는 것이다. 그러므로 "하나님의 나라가 이미 너희에게 임

하였느니라"고 말할 수 있는 것이다.

11:21~22 강한 자와 더 강한 자에 관한 예수님의 비유는 이제까지 다양한 방법으로 해석되어 왔다. 문맥을 살펴보건대(17~20절) 강한 자는 사탄을 가리키고 더 강한 자는 예수님을 가리킨다. 예수님이 사탄을 공격하여 넘어뜨린 것이 언제인지 누가복음에는 나와 있지 않다. 누가는 아마도 예수님이 시험받으신 사건, 부활 또는 사탄의 최후 결박 등을 마음속에 그리고 있었는지도 모른다. 그렇지만 이 비유의 요점은 예수님이 더 강한 존재이며, 그러므로 그는 '탈취물'을 나눌 권리가 있다는 것이다. 이 경우에 **탈취물**은 전에 귀신에게 속하였으나 이제는 더 이상 사탄의 것이 아닌 사람들을 포함하고 있다.

11:23~26(마 12:43~45) 예수님은 그리스도와 사탄이 싸우는 전투에서 중립을 지킬 수는 없다고 말씀하셨다. 그 싸움을 바라보는 사람들은 스스로 결단해야 한다. 만약 그들의 생각에 예수님이 사탄의 힘을 빌어 귀신들을 내쫓고 있다고 여겨지면 그들은 예수님을 적극 반대할 것이다.

24~26절에 기록되어 있는 예수님의 말씀은 상당히 난해하다. 아마도 예수님은 이전에 귀신 들렸던 사람을 지칭하고 있는 듯하며 그 사람을 귀신 들린 모든 사람들의 표상으로 여기신 듯하다. 이 사람도 예수님께서 자신이 메시아임을 증거하시는 것을 인정하거나, 처음보다 훨씬 비참하게 되는 것으로 끝나든가 둘 중 하나가 될 수밖에 없다. 마태는 예수님이 이 상황을 그분의 말을 듣고 있는 사람들이 사는 세대에 일어나는 일로 비유하고 있다고 기록하였다(마 12:45).

b. 하나님 말씀의 준행에 대한 예수님의 가르침(11:27~28)

11:27~28 이곳의 가르침은 8장 19~21절에 나온 가르침과 유사하다. 가족 관계가 세상에서 제일 중요한 것은 아니다. 어떤 여자가 예수님의 어머니가 되는 일은 정말 복된 일임에 틀림없을 것이라고 말했다. '혈통 관계'는 그 당시에는 지금보다 훨씬 중요했다. 모든 이스라엘 백성이 자기들이 아브라함의 후손이라는 사실에 자부심을 가지고 있었다(요 8:33~39).

예수님은 혈통 관계가 하나님의 말씀을 듣고 그 말씀에 순종하는 것보다 중요하지 않다고 지적하셨다. 누가가 강조하는 바와 같이, 복음은 이스라엘에만 한정된 것이 아니라 그리스도를 믿는 모든 사람을 위한 것이다.

c. 예수님이 표적 보이기를 거부하심
   (11:29~32; 마 12:38~42; 막 8:11~12)

11:29~32 바리새인들이 (어떤 종류의 것인지 누가복음에는 언급되어 있지 않지만) 예수님에게 표적을 보여 달라고 하였다. 표적이란 입으로 선포된 메시지가 참되다는 것을 확증해 보여 주는 기적이다. 모여든 사람들은 겉으로 드러나는 확증이 없이는 예수님의 말씀을 믿으려 하지 않고 있었다.

예수님의 대답은 "요나의 표적밖에는 보여 주지 않겠다"는 것이었다(11:29). 이 표적은 최소한 두 가지 방법으로 해석되어 왔다: 많은 사람들이 그것은 요나의 신체적 특징을 가리킨다고 말한다. 왜냐하면 요나의 피부는 물고기의 분비액으로 희게 표백되었을 것이기 때문이다. 그러나 상황을 고려해 보건대 여기서는 전혀 그런 의미가 아닌 것 같다. '요나의 표적'은 그가 거의 죽게 되었을 때 하나님이 기적적으로 그를 살리셨다고 하는 그 말(참조, 32절의 '설교')임에 틀림없다. 니느웨 사람들은 비록 구체적인 증거는 보지 못했으나 요나가 한 말을 믿었다. **남방 여왕**에 관한 예수님의 말씀도 이 해석을 근거 있는 것으로 받아들이게 해 준다. 그 여왕은 **솔로몬의 지혜로운 말**을 들으려고 멀리서 왔다(왕상 10장). 그녀는 겉으로 드러나는 확증 없이 들은 대로 행했다.

요점은 분명하다: 예수님의 말씀을 듣고 있는 세대는 그 이전에 하나님의 말씀에 귀 기울였던 이방 사람들보다도 믿음이 없다는 것이다. 그러므로 이방인들도 심판 날에 이 세대와 함께 일어나 이 세대를 정죄할 것이다. 예수님은 분명히 솔로몬보다 위대한(11:31), 그리고 요나보다 더 위대한(32절) '무엇'(남성이 아니라 중성으로 표현되었다)이 여기 있다고 말씀하셨다. 그 '무엇'은 예수님의 인격 안에 존재하는 하나님의 나라였다. 사람들은 이렇게 표적 없이 듣고 믿어야 한다.

d. 예수님이 자기의 말에 응답할 것을 역설하심(11:33~36)

11:33~36 예수님은 자주 그의 제자들을 비유로 가르치셨다. 제자들은 예수님의 말씀을 들어 왔으므로 그들 위에 밝게 비추는 빛을 가지고 있었다. 그러므로 그들은 그 빛을 나누어 가져야 한다(33절). 만일 어떤 사람의 눈이 등불처럼 빛에 잘 반응한다면 그는 정상적으로 활동할 수 있을 것이다. 예수님의 가르침을 잘 받아들이면 눈이 **빛으로 가득 찰 것**이고(34, 36절) 그의 가르침으로부터 많은 유익을 얻을 것이다(8장 16~18절에 대한 주해를 보라).

e. 바리새인들이 예수님을 힐문하고 트집을 잡음
   (11:37~54; 마 23:1~36; 막 12:38~40)

11:37~41 바리새인 하나가 예수님을 식사에 초대하였다. 예수님은 식사 전에 손을 씻는 관습을 지키지 않으셨는데 이것이 바리새인들을 대단히 놀라게 하였다. 예수님은 바리새인들의 특징인 **탐욕**에 초점을 맞추고, 그들은 마땅히 신체의 **표면**을 씻는 것처럼 속도 깨끗하게 해야 할 것이라고 말씀하셨다. 그들의 마음이 깨끗하다는 한 가지 증거는 그들이 가난한 자들을 기꺼이 구제하는 것이다. 그러나 이것은 그들의 죄를 속죄하기 위한 구제 행위가 아니라 율법과 하나님께 대한 올바른 관계의 표시일 뿐이라는 뜻이다.

11:42~44 예수님은 그 다음에 정의와 하나님의 사랑을 대수롭지 않게 여기는 바리새인들에게 세 가지 화를 선포하셨다(저주 선포). 그들은 율법의 의식에 꼭 묶여서 아주 작은 밭의 채소의 십일조도 바쳤다. 이것이 그들을 위선자로 만들었다(참조, 12:1). 그들은 자부심으로 꽉 차 있었고 회당에서는 가장 높은 자리에 앉기를 좋아했다. 그들은 백성들을 바로 인도하기보다는, 마치 지나갈 때 눈에 띄지도 않는 무덤처럼, 동료 유대인이 그들 때문에 스스로 더러워지는지도 모르는 사이에 부정해지도록 만들었다(민 19:16). 바리새인들은 부정한 의식으로 오염되는 것을 싫어했으나 예수님은 그들의 탐욕, 자만, 사악함이 온 나라를 오염시키고 있다고 말씀하셨다.

11:45~52 그리고 나서 예수님은 율법 전문가들에게 세 가지 화를 선

포하셨다(46~47, 52절). 그들은 다른 사람들에게 지식의 길에서 효과적으로 멀어지게 하는 짐을 지워 놓았다. 그리고 그들은 선지자들의 무덤을 만들었고, 이렇게 하여 선지자들을 죽인 그들의 조상들과 똑같은 자들이 되었다. 그들은 겉으로는 예언자들을 존중하는 것처럼 보였지만, 하나님은 그들이 내적으로는 선지자들을 배척한다는 사실을 알고 계셨다. 그러므로 그들은 모든 선지자들이 흘린 피에 대하여 책임을 져야 한다.

아벨의 피와 사가랴의 피는 하나님을 잘 섬기는 무죄한 자를 죽인 것을 가리킨다. 아벨은 죄 없이 희생당한 첫 번째 사람이었으며(창 4:8), 제사장 스가랴(문서예언자 스가랴가 아님. 마태복음 23장 35절을 보라)는 구약의 마지막 순교자였다(대하 24:20~21. 히브리어로 기록된 구약성경에는 역대하가 가장 마지막에 위치한다). 예수님의 비난은 그들이 지식(즉, 예수님의 가르침)에서 멀리 떨어져 있을 뿐만 아니라 지식의 열쇠를 멀리 치움으로써 다른 사람들도 지식에서 멀어지게 한다(참조, 13:14)고 말씀하실 때 더욱 통렬해졌다.

11:53~54 바리새인들과 율법사들이 예수님을 극렬히 반대하기 시작했다. 그들은 예수님을 해칠 음모를 꾸미면서 그의 대답에서 트집을 잡으려고 여러 가지 질문을 계속하였다.

B. 예수님이 제자들에게 거부에 대한 관점을 가르치심(12:1~19:27)

예수님은 먼저 그와 마음을 같이하는 그의 제자들에게 몇 가지 진리를 가르치셨다(12:1~53). 그러고 나서 모인 무리에게 몇 가지를 가르치셨다(12:54~13:21). 예수님은 사람들에게 하나님 나라에 관해(13:22~17:10), 도래할 하나님의 나라를 기다리는 제자들의 자세에 관하여 가르치셨다(17:11~19:27).

1. 그와 마음을 같이하는 제자들에게 하신 예수님의 가르침 (12:1~53)

a. 두려움 없이 증언할 것에 관한 예수님의 가르침(12:1~12)

12:1~3 예수님은 모든 것은 결국 다 드러나게 되는 것이므로(참조, 8:17) 위선적인 것은 어리석은 것이라고 말씀하셨다. 그러므로 제자들의 삶의 양식은 두 개의 서로 다른 모습이어서는 안 되고 언제나 솔직해야 한다. 그는 바리새인들의 누룩(즉 그들의 가르침)을 조심하라고 하셨는데, 그 이유는 그들의 가르침이 위선적인 것이기 때문이었다. 성경에서는 종종 누룩이 별로 좋지 않은 의미로 사용된다(참조, 막 8:15).

12:4~12(마 10:28~31) 예수님은 계속해서 하나님이 그들을 돌보시므로 그의 제자들(나의 친구들)은 담대해야 한다고 가르치셨다(12:4, 7. 참조, 32절). 그들의 몸을 죽일 수 있는 사람들을 두려워하지 말고(참조, 11:48~50) 사람을 **지옥**에 던져 넣을 권세 있는 하나님을 두려워해야 한다. 이 말은 12장 2~3절의 "하나님은 모든 것을 알고 계신다"의 자연스러운 결과이다. 제자들은 하나님에게 몇 푼 안 되는 돈에 팔리는 **참새**(다섯 마리에 두 페니)보다 훨씬 귀하다. 여기서 '페니'(penny)는 앗사리온인데 이

것은 하루 급료인 한 데나리온의 1/16에 해당하는 로마의 동전으로 마태복음 10장 29절과 이곳에서만 사용되었다. 하찮은 작은 새들도 하나님이 돌보시므로(참조, 12:22) 그분은 자기 백성들의 **머리카락** 수까지도 세실 것이며 또한 그들을 돌보실 것이다.

8~10절의 요지는 제자들은 선택을 해야만 한다는 것이다. 예수님을 안다고 **증언하는** 것은 그를 메시아로 인정하는 것이며 그럼으로써 구원의 길에 들어서는 것이다. 예수님을 증언하지 않는 사람들은 그들 스스로 구원의 길을 거부하는 것이다. 예수님은 "**성령을 모독하는 사람은 용서를 받지 못할 것이다**"라고 말씀하시면서 한 걸음 더 앞으로 논리를 전개시켰다. 마태복음 12장 32절에서는 이 행위를 예수님의 사역을 거부하는 바리새인들과 결부시켰다. 바리새인들은 분명히 예수님이 참으로 메시아라는 것을 성령에 의해 확실히 알 수 있었으나 그의 증거는 거부하고 있었다. 그들은 하나님의 유일한 구원의 방법을 거부하고 있으므로 결코 용서를 받지 못할 것이다(이와는 대조적으로 예수님의 형제 몇 사람은 처음에는 그를 거부하였으나[요 7:5] 후에 믿게 되었고[행 1:14] 그들이 인자(Son of Man)를 거스려 말한 것도 용서를 받았다).

예수님은 제자들에게 그들이 예수님을 전하고 가르친다는 이유로 관리들 앞에 끌려가 심문받게 될 때(행 4:1~21) 성령께서 그들이 무슨 말을 해야 할지 가르쳐 줄 것을 약속하셨다(12:11~12). 예수님의 적대자들, 즉 성령을 모독하는 자들과는 달리 예수님을 따르는 자들은 성령의 도움을 받게 될 것이다.

b. 탐욕에 대한 예수님의 가르침(12:13~21)

12:13~21 여기 나와 있는 구절은 모든 종류의 탐욕을 경계하라는 예수님의 가르침에 관한 것이다. 어떤 사람이 예수님께 부탁하여 자기에게 마땅히 돌아올 유산을 자기 형이 자기에게 나눠 주도록 일러 달라고 하였다. 예수님의 말씀은 **생명이 소유의 많고 적음에 있지 않다**는 것이었다. 제자들은 생명이 물질보다 더 중요하다는 교훈을 배울 필요가 있었다. 이 교훈을 설명하시면서 예수님은 곡식과 물건들을 쌓아 놓기 위해 자꾸만 더 큰 창고를 짓는 부자에 대한 비유를 들어 말씀하셨다. 그 부자는 자신이 원하고 필요로 하는 모든 것을 소유하였으므로 아무 근심 없이 살 수 있을 것이라 생각했다. 이 비유에서 하나님의 반응은 그 부자가 바로 그날 죽는다면, 그의 모든 소유는 그에게 아무 유익도 없으므로 그는 어리석다는 것이었다(어리석은 자여!). 그의 소유는 다른 사람에게 넘어갈 것이다. 그러한 사람은 하나님에 대하여 부요하지 못한 자이다(참조, 딤전 6:6~10; 약 1:10). 누가는 16장에서 이 주제를 다시 다루고 있다.

c. 염려에 대한 예수님의 가르침(12:22~34; 마 6:25~34)

본문은 제자들이 하나님 나라의 의를 구하도록 가르침을 받는 31절에서 절정을 이룬다. 이 부분에서 예수님은 염려에 대해 세 가지를 말씀하셨다.

12:22~24 먼저, 예수님은 산다는 것은 사람이 무엇을 먹고 마시는가보다 훨씬 더 **중요**하므로(참조, 15절) 염려는 어리석은 일이라고 말씀하

셨다. 예수님은 다시 그의 제자들이 까마귀(그것들도 하나님이 먹이고 길러 주신다)보다 귀하다는 것을 보여 주기 위해 새들을 예로 드셨다(참새와는 달리 까마귀는 썩은 고기를 먹으므로 팔리지도 않는다).

12:25~28 염려는 상황을 바꿀 수 없으므로 염려하는 것은 어리석다고 예수님께서 말씀하셨다. 염려한다고 해서 자기 **목숨**이 한 시간이라도 늘어나는 것이 아니므로 염려하는 것은 어리석은 일이다. 예수님은 다시 하나님께서는 자기에게 속한 것을 돌보신다는 것을 가르치기 위해 자연(백합과 들꽃)을 예로 드셨다.

12:29~31 마지막으로 예수님은 염려하는 것은 이방인의 태도이므로 염려하는 것은 어리석은 일이라고 지적하셨다. **세상 사람들**은 인생에서 궁극적으로 중요한 영적 실재에 대해서가 아니라 생활에 필요한 물건 때문에 염려한다. 반면에 영적인 것(하나님의 나라를 구하는 것)을 추구하는 사람은 하나님께로부터 일용할 양식도 받게 될 것이다.

12:32~34 그리고 나서 예수님은 그의 제자들에게 두려워하지 말라고 하셨다(참조, 4, 7절). 예수님은 그들을 잡아 먹힐 가능성이 있는 마치 무방비 상태의 집단처럼 **적은 무리**에 비유하셨다. 그들을 더 무방비 상태로 만들기 위해 예수님은 "너희의 소유를 팔아 가난한 자들에게 나누어 주라"고 가르치셨다(누가는 이 주제를 뒤에 16장과 19장에서 다시 다루고 있다). 이 일을 또한 초대 교회가 하였다(행 2:44~45; 4:32~37). 예수님이 주장하시는 것은 만약 예수님을 따르는 자들이 땅 위에 보물을 쌓아 두고 있다면 그들은 그것을 자꾸 생각하게 된다는 것이었다. 그러나 그들이

안전하여 도둑이 들거나 좀먹는 일이 없는 하늘에 재물을 쌓아 놓는다면 그들은 하나님께 부요한 자들이 되고(12:21), 하나님의 나라에 관한 것들을 생각하게 될 것이고, 따라서 염려로부터 벗어날 수 있을 것이다.

d. 준비성에 관한 예수님의 가르침(12:35~48; 마 24:45~51)

예수님은 여기서 베드로가 질문한 것(41절)과 관련된 두 가지 비유(35~40, 42~48절)를 말씀하신다. 두 번째 비유는 더 발전되어 있으며 첫 번째 비유를 설명해 준다.

12:35~40 예수님은 인자가 그들이 생각지도 않은 때에 올 것이므로 제자들은 준비하고 있어야 한다고 가르치셨다. 그 비유는 혼인 잔치에서 돌아오는 주인을 기다리는 종들이 나오는 장면을 묘사하고 있다. 요지는 주인이 언제 집에 도착하더라도 집에 들어올 수 있도록 하기 위해 항상 깨어 있어야 한다는 것이다. 만약 그들이 깨어 있어(37절) 준비하고 있다면(38절) 주인이 그들의 **시중**을 들어 줄 것이다. 여기서 이경(二更)은 오후 9시에서 자정까지, 삼경(三更)은 자정부터 새벽 3시까지를 말한다. 도둑에 관한 말씀의 요지도 같다. 즉 인자가 예기치 않을 때 올 것을 대비하여 항상 '준비된 상태'로 있어야 한다는 것이다.

12:41 베드로의 질문은 두 가지 비유에 다 적용할 수 있다. 베드로는 첫 번째 비유가 가지고 있는 의미의 범위를 알고자 했다. 그 말씀은 제자들만을 위한 것인가, 아니면 **모든** 사람에게 하신 말씀이었는가?

12:42~48 예수님은 베드로의 질문에 직접적으로 대답하지 않으셨다. 대신 이 구절들은 그가 주로 당시의 국가 지도자들에 관하여 말씀하시고 있다는 것을 나타내고 있다. 종교 지도자들은 예수님이 그 나라를 도래하게 하실 때까지 하나님 앞에서 그 나라를 이끌어 가야 할 책임이 있었다. 그러나 그들은 자기들의 임무에 태만하였다. 그들은 그 나라를 기쁜 마음으로 기대하지 않았다. 부과된 형벌이 있으므로(46~47절), 예수님은 준비되지 않은 신자들에 대해 계속 말하고 있을 필요는 없었다. 예수님은 인자가 올 때 거기 있을 국가의 지도자들을 지칭하신 듯하다. 신실하지 않은 자들은(47절), 비록 악하긴 하지만 인자의 오심에 관해 **알지 못하는 자들**(48절 상)보다 훨씬 더 엄격하게 심판받을 것이다. 하나님의 계시에 관한 많은 지식을 알고 있으면서도 믿지 않는 자들은, 그 계시에 응답하지 않은 데 대하여 답변해야 할 것이다.

e. 오해받는 것에 관한 예수님의 가르침(12:49~53; 마 10:34~36)

12:49~53 예수님의 제자가 되는 것은 자기 가족들에게도 오해받을 수 있다는 것을 의미할 수 있다. 궁극적으로 예수님의 사역은, 어떤 사람은 그가 하는 말을 받아들일 것이고 다른 사람들은 배척할 것이므로 결국 **평화보다는 분열**을 초래하게 될 것이다. 그의 사역은 삼키는 **불**과 같을 것이다(49절). 예수님은 자신의 사역 의도가 성취되기를 간절히 바라셨다. 그의 삶과 죽음은 그가 이스라엘을 심판할 근거가 된다. 그 심판은 불처럼 이스라엘을 정화시킬 것이다. 그가 말했던 세례는 의심할 여지없이 **다 이루어질 것**이라고 말한(50절) 그의 죽음을 가리키는 것이었다. 예수님의 선교는 실제로 그가 여기(52~53절)에서 말한 가족의 분열 같은 결

과를 낳았다. 가정은 **분열되고** 신뢰는 깨어지고 있었다. 유대인 신자들은 아직도 가족과 친구들로부터 추방되고 있다. 그러나 제자가 되기 위해서는 그러한 어려움을 기꺼이 참아 내야 한다.

2. 예수님이 무리를 가르치심(12:54~13:21)

제자들에게 직접 말씀을 마치신 후에 예수님은 모인 군중에게 관심을 돌렸다. 이 부분에서는 군중들이 중요한 역할을 하는 여섯 가지 사건이 발생한다. 그들이 이제 예수님의 사역에서 중심점이 되었다.

a. 표적에 대한 예수님의 가르침(12:54~56; 마 16:2~3)

12:54~56 예수님은 모인 사람들에게 그들이 보고 있는 것들을 잘 분변할 필요가 있다고 가르치셨다. 그들은 예수님의 사역을 보아 오긴 했으나 그가 참으로 메시아인지 확인할 수 없었다. 예수님은 그들이 어렵지 않게 자연 현상을 분간할 수 있음을 강조하셨다(서쪽에서 일어나는 구름과 남쪽에서 불어오는 바람. 천지의 기상). 그러나 그들은 영적인 것은 구별하지 못했다. 그들은 바로 자기들 가운데서 어떤 일이 일어나고 있는지 – 예수님이 하나님의 나라를 나타내 보여 주고 계시는데 그들은 그에게 바르게 응답하지 못하고 있음을 – 알아야 했다.

b. 법정을 예화로 드신 예수님(12:57~59)

12:57~59 예수님은 사람들이 하나님과 바른 관계를 맺는 일이 얼마나

필요한지를 납득시키기 위해 법정을 예로 드셨다. 이 세상에서도 옥에 가서 마지막 한 푼까지도 물어내는 것을 원치 않는다면 고소하는 자와 법관에게 갈 때 길에서라도 화해하려고 애쓰는 것이 현명하다. 하물며 고소하는 자가 하나님이라면 '화해하는 것'이 얼마나 더 중요하겠는가(여기서 '호리'는 '랩톤'을 말하는데 여기와 마가복음 12장42절과 누가복음 21장 2절에만 나와 있다. 유대의 동전으로 약 1/8센트의 가치가 있다).

c. 멸망에 관한 예수님의 가르침(13:1~5)

13:1~5 예수님은 재앙은 누구에게나 일어날 수 있다고 군중들에게 가르치셨다. 그는 죽음에 관한 흔한 예를 두 가지 인용하셨는데 처음 것은 **희생물을 드리던 도중 빌라도에게 죽임을 당한 갈릴리 사람들**에 관한 것이었고, 둘째 것은 **실로암에서 탑이 무너질 때** 옆에 있다가 깔려 죽은, 겉으로는 아무 죄도 없는 듯한 18명에 관한 것이었다. 예수님이 나타내시려는 의도는 죽임을 당했든지, 당하지 않았든지가 그 사람의 불의 또는 의를 재는 척도는 아니라는 것이다. 누구라도 죽임을 당할 수 있다. 오직 하나님의 은혜가 사람을 살게 하는 것이다. 이 점은 3~5절에 그 의미가 분명히 나와 있다. 회개하지 아니하면 다 이와 같이 망하리라. 죽음은 누구에게나 임한다. 비록 사람들이 하나님 나라에 들어가려고 준비는 하지만 오직 회개만이 생명을 가져올 수 있다.

d. 무화과나무의 비유(13:6~9)

13:6~9 자신의 뜻을 나타내기 위해 예수님은 비유 가운데서 만일 사

람이 일생 동안 **열매**를 보여 주지 못하면 심판이 임할 것이라고 가르치셨다. 무화과나무는 열매를 맺는 데 3년이 필요하다. 그러나 이 나무가 이제까지도 열매를 맺지 못하자 주인은 찍어 버리라고 말했다. 포도원지기는 주인에게 1년만 더 기다려 주기를 청하였다. 이 비유는 회개하지 않는 자에게 심판이 임한다는 1~5절의 내용을 설명해 준다. 여기서 예수님은 한 걸음 더 나아가 열매는 현재적인 것이어야 한다고 말씀하셨다(참조, 마 3:7~10; 7:15~21; 눅 8:15). 구세주를 믿는다고 말하는 사람은 그의 생활에서 눈에 띄는 변화가 있어야만 한다. 열매 없는 무화과나무처럼 눈에 보이는 변화가 아무것도 없다면 심판받을 것이다.

e. 예수님이 여인을 고치심(13:10~17)

예수님은 안식일에 어떤 여자를 고침으로써 가르침의 내용을 설명하셨다. 이 작은 사건은 누가복음 중 예수님이 회당에서 가르치셨던 맨 마지막 부분이었다. "외식하는 자들"이라는 말은 이 말씀 중 대단히 중요하다. 이 부분(12:54~13:21)의 처음부터 예수님은 모인 무리와 백성의 지도자들을 "외식하는 자들"이라 불렀다(12:56). 여기 이 부분의 끝에서도 예수님은 그들을 다시 "외식하는 자들"이라 부르고 있다(13:15). 그의 요지는 모인 무리와 그 지도자들이 진정으로 하나님이 그들의 삶 속에서 무엇을 하실 수 있는지 그리고 무엇을 하기 원하시는지 전혀 관심이 없다는 것이다.

13:10~13 누가는 그 여인을 '사탄'(16절)에게 매여 18년간이나 꼬부라진 채로 있던 사람으로 묘사하고 있다(16절). 그 사건의 역사성을 부인하

지 않더라도 누가가 이 기적 사건을 바로 이 자리에 배열함으로써 분명히 상징적 가치가 있다는 것을 나타내려 하였음이 틀림없다. 예수님이 하실 일은 이스라엘 백성 중에서 불구 상태에서 헤어나지 못하는 사람들을 똑바로 설 수 있도록 자유롭게 해 주는 것이었다. 여기에 그 여인을 똑바로 서게 하는, 예수님과의 만남이 생생하게 나타나 있다. 예수님은 그 여인을 말씀으로(여자여, 네가 네 병에서 놓였다), 그리고 그 여인에게 손을 대심으로 치료했다. 그 여인은 즉시 몸을 펴고 하나님을 찬양했다. 하나님을 찬양하는 이 행동은 예수님의 사역에 대한 마땅한 반응이었다(2:20; 5:25~26; 7:16; 17:15; 18:43; 23:47). 그것은 사람들이 예수님의 사명을 이해하고 있다는 사실을 보여 주는 것이었다.

13:14 그 여인이 확실히 보여 준 마땅한 반응과는 반대로 회당장은 예수님께서 자기가 율법을 해석한 대로 따르지 않았으므로 분을 내었다. 그는 예수님의 이적을 인정하지 말 것을 군중들에게 호소했다. 이 태도는 이미 예수님께서 다른 사람들이 하나님 나라에 들어가는 것을 종교 지도자들이 막고 있다고 말씀하신 사실을 뒷받침해 주고 있다(11:52).

13:15~17 예수님은 사람이 짐승보다 훨씬 더 귀하며, 예수님께 반대하는 자들은 안식일에 그들의 짐승을 돌보는 것을 조금도 잘못된 것으로 보지 않는다는 것을 지적하셨다(14:5). 종교 지도자들의 생각이 온통 위선과 어리석음뿐이었다는 것은 분명하다. 결과적으로 예수님을 반대하는 자들은 창피를 당했고 모인 무리는 기뻐하였다.

f. 하나님 나라에 대한 예수님의 가르침
   (13:18~21; 마 13:31~33; 막 4:30~32)

13:18~21 이 구절은 실제로 군중들에게 한 예수님의 가르침(12:4~13:21)과 하나님 나라의 백성에 대한 그의 가르침(13:22~17:10) 사이에 경첩과 같은 역할을 하는 구절이다. 어떤 이들은 이 짧은 겨자씨 비유와 누룩 비유에서 예수님이 하나님 나라에 관한 어떤 긍정적인 것을 가르치시고 있다고 느꼈다(겨자나무는 씨는 작지만 한철에 4미터 이상 자란다). 그러나 이 비유들은 바람직하지 않은 어떤 것을 가르치는 것으로 이해하는 것이 더 좋을 것 같다. 누룩이 사방으로 퍼지는 것처럼 악한 생각이 그 당시에 퍼져 들어와 온통 휩쓸고 있었다. 누가가 이 가르침을 회당 지도자들이 안식일에 행한 예수님의 사역을 거부한 직후에 배열한 것으로 보아 이것은 가능한 해석인 것 같다.

3. 하나님 나라의 백성에 대한 예수님의 가르침(13:22~17:10)

누가는 여기서 예수님의 가르침은 누가 하나님 나라의 백성이고, 누가 하나님 나라의 백성이 아닌가에 관한 것이라고 기록하고 있다. 이 구절 전체를 통해서 하나님 나라에 들어간다고 하는 주제는 종종 잔치나 연회에 참석하는 것으로 나타나 있다(13:29; 14:7~24; 15:23; 17:7~10). 하나님의 나라는 이미 와 있었다. 들어가는 자들은 구세주와 그 나라의 메시지를 받아들임으로 하나님께 적극적으로 응답하는 자들이다.

a. 대부분의 이스라엘 사람들이 하나님의 나라에서 쫓겨날 것에 대한 예수님의 가르침(13:22~35)

13:22~30 예수님은 다른 나라에서 온 많은 사람들이 이스라엘이 될 것임에 반해 많은 이스라엘 사람들은 하나님의 나라에 들어가지 못할 것이라고 가르치셨다. 어떤 사람들이 예수님에게 **"구원을 받는 자가 적으니이까?"**라고 물었다. 분명히 예수님을 따르는 자들은 하나님 나라에 대한 예수님의 메시지가 그들의 생각대로 온 나라를 휩쓸지 못하는 사실에 어느 정도 실망하고 있었다. 그들은 예수님이 계속적으로 환영도 받고 배척도 받는 것을 보았다. 예수님의 가르침은 분명했다. 아무든지 하나님의 나라에 들어가려면 그가 하시는 말씀을 받아들여야 한다는 것이었다. 유대인들은 구원은 하나님의 나라와 연관된 것으로, 즉 사람은 하나님의 나라에 들어가기 위하여 구원받는 것으로 생각하였다.

예수님은 그런 사람들에게 **잔치**를 배설한 사람의 이야기를 가지고 대답하셨다(잔치란 하나님 나라를 의미한다, 29절). 주인이 연회장으로 가는 문을 닫은 후에는 아무도 들어갈 수 없으니, 그것은 그들이 너무 늦게 왔기 때문이다(25절). 실제로 잔칫집 주인은 그들을 **행악하는 모든 자들**이라 불렀다(27절). 늦게 온 자들은 그들이 주인과 함께 먹고 마셨으며, 그가 그들의 거리에서 **가르쳤다**고 말했으니, 이는 당시 사람들 가운데서 예수님의 사역을 가리킴이 분명하다. 이것을 말씀하시면서 예수님이 가리키는 것은 사람들이 그때 당시 그의 초대에 응해야 한다는 것이었다. 왜냐하면 너무 늦게 오면 하나님 나라에 들어가지 못하기 때문이다.

예수님은 모인 무리에게, 그의 메시지를 거부하는 사람들에게 심판이 임할 것이라고 노골적으로 말씀하셨다. 거기서 슬피 울며 이를 갊이 있을 것이며, 그들은 밖으로 내쫓김을 당하리라는, 즉 하나님 나라에 들어가지 못하리라는 것이었다("슬피 울며 이를 간다"에 대하여 마태복음 13장 42절의 주해를 보라). 그러나 그 나라에서 신실한 자들(아브라함과 이삭과 야곱과 모든 선지자들로 대표되는)은 하나님의 나라에 들어갈 것이다.

이 말은 예수님의 말을 듣는 자들에게는 충격적인 말이었다. 그들 대부분은 스스로 생각하기를 그들이 아브라함의 후손이므로 당연히 약속된 나라에 들어갈 것으로 생각했다. 그러나 예수님의 그 다음 말씀은 오직 유대 민족만이 하나님 나라에 들어갈 수 있다고 생각한 사람들에게는 더욱 충격적인(실제로 기존 관념을 부서뜨리는) 것이었다. 예수님은 이방인들이 유대인 대신에 하나님 나라에 들어갈 것이라고 설명하셨다 (13:29~30). 세계의 동서남북으로부터 오는 사람들은 여러 지역 사람들을 의미한다. 예수님의 말씀을 듣고 있던 사람들은 예언자들도 전에 같은 말을 했으므로 이방인들이 그들보다 못하다고 믿고 있었다.

예수님이 나사렛에서 처음 사역을 시작하셨을 때 군중은 그가 이방인들에 대해서 가르친 것에 미친 듯이 화를 내고 그를 죽이려 했다 (4:13~30). 유대인들은 그들 자신이 모든 면에서 첫째라고 생각했으나 그들은 맨 나중이었고, 이것은 말하자면 그들이 하나님의 나라에서 제외될 것이라는 뜻이었다. 반면에 어떤 이방인들은 맨 나중으로 여겨졌으나 하나님의 나라에 들어갈 것이고 참으로 첫째가 될 것이다(13:30).

13:31~35(마 23:37~39) 바리새인 몇 사람으로부터 떠나야 한다는 경고를 받고 예수님은 예루살렘에서 죽기로 되어 있으므로 그곳으로 가야 한다고 말씀하셨다. 헤롯이 예수님을 죽이려고 했다는 데 대한 바리새인들의 보고에 관해서는 논란이 있다. 누가복음 전체를 통하여 볼 때 바리새인

들은 부정적인 빛 가운데 들어 있다. 왜 바리새인들이 이 순간에 예수님을 보호하려 했을까? 이 사건은 바리새인들이 예수님을 제거할 구실을 찾는 동안 일어난 사건으로 보는 것이 가장 무난할 것 같다. 예수님은 그의 **행선지**가 예루살렘이라고 공언하셨으며 이제까지는 운이 좋았다. 바리새인들은 분명히 그가 일을 하지 못하도록 위협하여 목적하는 것을 그만두게 하려고 했다.

"**가서 저 여우에게 말하라**"는 예수님의 대답은 바리새인들을 헤롯의 심부름꾼으로 보셨다는 것을 나타내 준다. 예수님은 자신이 해야 할 일이 있다고 말씀하셨다(13:32). 여기 나온 헤롯은 헤롯 안티파스이다(1장 5절에 있는 헤롯 가문의 도표를 보라).

예수님이 **오늘과 내일과 모레**라고 말씀하셨을 때 자기가 3일 있으면 예루살렘에 도착하게 될 것이라고 말하는 것은 아니었다. 요점은 그가 마음속에 계획하는 사역이 있고, 그가 계획한 대로 그 일을 계속하시리라는 것이었다. 그의 목적지는 그가 죽기로 되어 있는 예루살렘이었다. 그는 만인이 보는 가운데 종교 재판장에 서야 하고, 죽임을 당하게 되어 있었다.

바로 그때 누가는 예수님에 대해 (이스라엘을 상징하는) 예루살렘이 그의 말을 듣지 않으려 했음을 기록하고 있다(13:34~35). 예수님은 그 도시를 위해 탄식하고 **암탉이 그 병아리를 날개 아래에 모음같이**(비록 그들이 원치 않고 있으나) 부드럽고 따뜻하게 보호하기를 **원하셨다**. 이제까지 그의 사역 전부는 이스라엘에게 하나님의 나라를 나타내 보여 주는 것이었다. 그러나 이스라엘은 예언자들까지도 죽였고, 그의 말 듣기를 거부하였으므로 이제는 그가 그들을 버릴 것이다. 예수님은 **너희 집이 황폐하여 버린 바 되리라**고 말씀하셨다.

'너희 집'에서의 '집'은 아마도 성전을 가리킨다기보다는 도시 전체를 말하는 것 같다. 비록 그는 자신이 메시아인 것을 계속 드러내셨으나 이제 죽게 되었다. 예루살렘은 메시아에 의해 버림을 받게 된 것이다. 예수님은 시편 118편 26절을 인용하시면서 그들이 예수님을 '메시아'라고 부르기 전에는 예루살렘 사람들이 그를 다시 보지 못하리라고 하셨다. 사람들은 이 구절을 그가 예루살렘에 입성하실 때 인용하였으나(19:38), 그들의 종교 지도자들은 좋아하지 않았다. 결국 이 사실은 예수님이 재림하여 천년왕국의 통치자로 입성하실 때 증명될 것이다.

b. 많은 소외된 자들(죄인들)과 이방인들이 하나님의 나라에 앉게 될 것이라는 데 대한 예수님의 가르침(14:1~24)

이 부분은 13장 22~35절의 내용과 연결되어 있으나 그것을 다른 각도에서 설명하고 있다. 여기서는 쫓겨난 자들이 중심이 되고 있는 것이 아니라 하나님 나라에 속한 자들이 언급되고 있다. 예수님의 말씀을 듣고 있는 자들의 기대와는 달리 소외된 자들과 이방인들이 천국 백성의 많은 부분을 차지할 것이다.

14:1~6 어느 안식일에 예수님이 유명한 바리새인의 집에서 식사를 하도록 초대를 받았는데 수종병으로 고생하는 어떤 사람이 마침 그 자리에 있었다. 수종증(水腫症)이란 암 종류 또는 신장이나 간장에 이상이 있어 신체 조직에 과다한 양의 액이 차 있는 증세를 말한다. 그 사람은 그를 보고 예수님이 어떻게 하는가 보기 위해 바리새인 집에 초대받은 듯하다. 예수님은 즉시 상황의 주도권을 잡고 그 주인과 다른 초대받은 손님

들에게 안식일에 그 사람을 고쳐 주는 일이 율법에 어긋나는지의 여부를 물으셨다. 분명히 예수님의 질문은 모인 무리를 무력하게 만들었다. 왜냐하면 그들 모두 **입을 다물고 아무 말도 하지 않았기** 때문이다. 예수님은 한 걸음 더 나아가 그 사람을 고치셨다. 그는 거기 모여 있는 자들도 안식일에 **자녀나 그들의 소가 위급한** 형편에 처해 있다면 그들을 도와줄 것이므로, 이 불쌍한 사람을 고쳐 주는 것이 합당하다고 말씀하셨다. 예수님은 의식(儀式)에 있어서 부정하다고 간주되는 자들은 하나님 나라에 갈 수 없다는 데 대해 이어지는 토론을 위해 무대를 설치하고 계셨다.

14:7~11 주위를 둘러보면서, 예수님은 초대받은 사람들이 상석에 앉으려고 얼마나 애쓰는가를 주의 깊게 보셨다. 주인과 가까운 자리에 앉을수록 그 손님의 지위는 명예로운 것이었다. 식탁이 놓인 바리새인 집의 방에 들어오면서 사람들이 서로 식탁의 상석에 앉으려고 다투었음이 분명하다. 그때 예수님이 말씀하신 비유는 그들로 하여금 그가 그때까지 계속 전했던 하나님 나라의 메시지와 관련 있는 영적 실제에 관하여 생각하게 했다.

11절은 예수님이 말씀하신 비유의 요점이다. **누구든지 자기를 높이는 자는 낮아지고 자기를 낮추는 자는 높아질 것이다.** 이 말을 들으면 먼저 된 자가 나중 되고, 나중 된 자가 먼저 된다(13:30)는 사역 초기에 하신 예수님의 말씀이 생각난다. 자신들이 하나님 나라에서 중요한 자리를 차지하게 될 것이라고 생각하는 바리새인들은, 다른 사람을 위해 물러나게 될 때 **수치를 당할 것이다**(14:9). 그러나 만약 그들이 스스로 겸손해진다면, 그때는 **높임을 받을 수도 있을 것이다**(10절).

14:12~14 그러고 나서 예수님은 그 집주인에게 만일 그가 사회에서 소외된 자들(가난한 자, 절름발이, 불구자, 소경. 그의 선행에 대하여 결코 보답할 수 없는 자들)을 초대한다면 이것은 자신을 위해서가 아니라 주를 위하여 그들을 섬기는 일이 될 것이라고 말씀하셨다(참조, 마 6:1~18; 약 1:26~27). 그렇게 함으로써 그는 자기를 위하여 하늘에 보물을 쌓아 두는 것이 되고(마 6:20) 하나님 편에서 부요한 자가 될 것이라 했다(12:21). 소외된 자들을 초청하는 일이 그 사람을 의롭게 해 주는 것이 아니라, 그가 하나님 앞에 바로 서 있다는 징표가 되는 것이다. 이것은 보상이 현세에 있는 것이 아니라 **의인들의 부활** 시에 있을 것이라는 예수님의 말씀에 나타나 있다.

14:15~24 (마 22:1~10) 예수님은 큰 잔치에 대한 비유를 말씀하셨다. 같이 식사를 하던 사람 하나가, 하나님 나라에서 먹게 될 모든 사람은 복 받은 자들일 것이라고 말했다. 이 사람은 자기와 지금 자기와 함께 있는 사람들이 모두 하나님 나라에 있게 될 것이라고 생각하고 있었다. 예수님은 '잔치'라는 주제를 가지고, 거기 있는 많은 사람들이 하나님의 나라에 들어가지 못할 것이라는 사실을 설명하는 기회로 삼으셨다. 그들 대신 많은 소외된 자들(죄인들)과 이방인들이 들어갈 것이다. 비유에서 주인은 **많은 손님**을 초청하였다. 그러나 초대받은 모든 손님들은 잔치에 가지 못하겠다는 **핑계**를 대기 시작했다. 그 핑계들(방금 산 밭에 나가 보아야 겠다. 새로 산 소를 시험해 보아야겠다. 방금 결혼한 신랑이니 갈 수 없다 [14:18~20]등)은 언뜻 들으면 타당한 것처럼 보인다.

그 주인은 노하여 큰 길과 골목에 있는 사람들(가난한 자, 불구자, 소경, 절름발이)을 데려오라고 명하였다. 예수님은, 남들보다 못하고 의식

(儀式)적인 면에서 볼 때 불결하다고 간주되는 그런 유대인들이 바로 그가 조금 전에 고쳐 준 수종병자라고 설명하고 계셨다(2~4절). 아직도 자리가 남아 있다는 것을 주인이 알고 길과 산울타리 가로 나가서 다른 사람들을 불러오라고 명하였다(23절). 도시 밖에서 모아 온 이 사람들은 언약 공동체 밖의 이방인들이라 생각된다. 그러고 나서 그 주인은 원래 청함을 받은 그 사람들은 아무도 그의 **잔치를 맛보지 못할** 것이라 말했다.

연회석상에서 말한 다른 잔치의 비유는 그가 예루살렘을 버리겠노라고 한(13:34~35) 이전의 가르침을 보충하고 있다. 원래 그 나라를 소유하라고 청함을 받은 자들은 그것을 거부하였으므로, 이제 그 메시지는 이방인들을 포함한 다른 사람들에게로 전파될 것이다. 핑계를 댄 자들에게는 그 핑계가 효과적인 것 같았겠지만, 그 핑계는 예수님의 왕국 초대에는 맞지 않는 것이었다. 그의 왕국에서의 초대를 받아들이는 것보다 더 중요한 것은 아무것도 없다. 왜냐하면 사람의 운명이 그 초대에 대한 응답에 전적으로 달려 있기 때문이다.

c. 아무 생각 없이 제자가 되려는 것에 대한 예수님의 경고(14:25~35)

14:25~27 무대가 바뀌었다. 많은 무리가 예수님과 함께 길을 가고 있었다. 예수님은 자기를 따르겠다는 그들의 결심을 그들 스스로가 검토할 필요가 있다는 것을 그들에게 선명하게 알려주시고자 했다. 그는 십자가에서 죽기 위한 길을 가시는 중이었다. 그가 동산에 혼자 계실 때, 그리고 체포되어 재판받으실 때, 모든 사람이 결국 그를 버렸다.

제자가 된다고 하는 것이 어렵다는 것을 강조하기 위해, 예수님은 사람들이 그의 제자가 되기 위해 자신의 가족을 미워할 뿐 아니라, 심지어 자신의 생명까지도 미워해야 한다고 말씀하셨다. 문자적으로는 자기의 가족을 미워하는 것은 율법에 어긋나는 일이 된다. 예수님은 여러 번 사람들에게 율법에 충실하라고 가르치셨으므로, 여기서 그가 문자 그대로 자기 가족을 미워하라고 하신 것이 아님이 확실하다. 여기서 중요한 것은 사랑에 대한 우선순위이다(참조, 마 10:37). 사람이 예수님께 대하여 가지는 관심이 자기 가족이나 심지어는 자기 생명에 대한 관심보다 앞서야 한다. 사실 가족들의 요구에 역행하여 예수님을 따르는 사람들은 그들의 가족들을 미워하는 것이라고 말할 수 있을 것이다.

예수님이 강조한, 제자가 되는 데 있어 두 번째로 어려운 자격은, 사람이 자기의(예, 자기가 소유한) 십자가를 지고 예수님을 따라야 한다는 것이었다(참조, 14:27; 9:23). 로마 제국에서 범죄자나 포로를 십자가에 못 박을 때, 그가 십자가에 못 박히는 자리까지 자기 십자가를 지고 가도록 하는 경우가 종종 있었다. 도시의 한복판에서 십자가를 지고 가는 것은 로마 제국이 그에게 사형을 언도한 것이 정당하다는 것을 말없이 인정하게 하는, 즉 로마는 옳고 자기는 잘못되었다는 것을 시인하게 하려는 의도였다. 그러므로 예수님이 그를 따르는 자들에게 기쁘게 그들의 십자가를 지고 자기를 따르라고 하신 것은 예수님은 옳으며 제자들은 죽기까지 그를 따른다는 것을 다른 사람들 앞에서 공공연하게 보이라는 것이다. 이것이 종교 지도자들이 그렇게 하기를 거부한 이유이다.

14:28~33 두 가지 예화를 통해서, 예수님은 제자가 되는 것은 준비와 희생을 동반해야만 한다는 것을 가르치셨다. 첫 번째 예화는 어떤 탑에 관한 것이었다(28~30절). 어떤 사람이 탑을 세우려 한다면 그는 자기가

그 계획에 소요되는 모든 비용을 지불하겠다는 마음을 가져야 한다. 예수님을 따르는 자들도 반드시 제자가 되는 데 필요한 모든 대가를 기꺼이 지불하겠다는 마음을 가져야 한다.

두 번째 예화는 전쟁에 나가는 어떤 왕에 관한 것이다. 그 왕은 만약 그가 이길 수 없다고 판단되면 원하는 승리를 기꺼이 포기해야만 한다. 이 희생의 원칙은 제자 됨의 영역에서도 중요하다. 즉 사람은 예수님을 위하여 기꺼이 **모든 것을 포기**할 수 있어야 한다. 이스라엘 전역에서 예수님을 따르던 사람들은 그렇게 했다. 그들은 선포되고 있는 예수님의 메시지가 이 세상에서 제일 중요한 것임을 알았으므로, 자기들의 소유와 직업을 포기하였다.

14:34~35 예수님은 소금이 짠맛을 가지고 있는 한 유일한 것이라고 말씀하심으로써 제자 됨에 대한 그의 가르침을 멋지게 요약하셨다. 만일 소금이 그 짠맛을 잃어버리면, 그것은 전혀 쓸모가 없어져 **버려지게 된다**. 제자가 되는 것도 이와 같다. 그들은 제자 됨의 특성(준비와 희생하려는 의지)을 가지고 있어야 한다. 그렇지 않으면 그들은 전혀 쓸모없는 존재이다.

d. 하나님 나라에 있는 죄인들과 잃었던 자들에 대한
예수님의 가르침(15장)

예수님은 잃었던 자들과 죄인들이 하나님 나라에 있게 될 것이라고 가르치신 것 때문에 종교 지도자들과 논쟁을 하게 되었다. 여기서 (아마도 가장 잘 알려진) 예수님의 비유(잃어버린 양, 잃어버린 은전, 방탕한 아들)가 나온다. 세 가지 비유 모두 같은 메시지(하나님은 죄인의 회개에 깊은 관심을 갖고 계신다)를 가지고 있다. 그렇지만 세 번째 비유는, 그 상황 속에서 종교 지도자들에 의해 배척되는 반면 사회에서 소외된 자들에 의해 받아들여지는 예수님 자신의 모습을 볼 수 있다는 점에서, 다른 두 가지 비유를 능가한다.

15:1~2 종교 지도자들이 지독히 싫어함에도 불구하고 예수님은 잃은 자들과 죄인이라 여겨지는 사람들과 잘 어울렸다. 누가복음에서 항상 볼 수 있듯이, 서기관들과 바리새인들이 또다시 예수님과 대립하였다. 이 대립 때문에 예수님은 세 가지 비유를 말씀하셨다. 이 세 가지 비유 모두 다 잃어버렸다가 찾은 물건 또는 사람을 찾았을 때 기뻐하는 이야기이다.

　어떤 학자들은 이 비유들을 하나님과 신자들 간의 친밀한 관계의 회복에 관한 가르침이라고 보고 있다. 그들은 사람이 소유하지 않은 어떤 것을 잃어버릴 수 없으므로 처음 두 가지 비유는 예수님께로 돌아오는 하나님의 자녀들을 나타낼 수밖에 없다고 추론한다. 또한 아들은 이미 아들이므로 세 번째 비유는 하나님과의 친밀한 관계를 회복할 수 있는 신자들을 가르치고 있는 것임에 틀림없다고 생각한다.

　다른 학자들은 그 비유들을 잃은 백성들(예, 아직 믿지 않는 사람들)을 깨우쳐 그리스도에게로 올 수 있게 하기 위한 비유로 이해하고 있다. 두 번째 견해가 두 가지 이유에서 더 바람직하다.

　1. 예수님은 하나님 나라의 메시지에 반발하는 바리새인들에게 이야기하고 있다. 그들이 반발하는 이유는 죄인들이 예수님께로 와서 그의 메시지를 믿기 때문이었다. 만일 이 비유의 요점이 신자가 친밀한 관계를 회복하는 것이라면 어떤 방법으로도 세 번째 비유에서 알맞게 설명될 수

없다.

　2. 22절에서 보여 주듯이 돌아온 아들은 전에 그가 가져 보지 못했던 새로운 지위를 물려 받았다. 유대인들은 하나님과 특별한 언약 관계에 있다는 점에서 하나님의 자녀들이었다. 그러나 각 개인들은 아직도 하나님을 믿는 자들이 되어야 한다. 예수님이 가르치시는 메시지(그가 메시아이시며 이스라엘에 하나님의 나라를 임하게 하실 것이라는)를 받아들이는 것이 바로 그들의 책임이었다.

15:3~7 잃어버린 양의 비유가 가르치는 것은 죄인 한 사람이 회개하면 하늘에서는 기쁨이 있다는 것이다. 예수님이 다른 아흔아홉 양이 중요하지 않다고 말씀하시는 것이 아니다. 오히려 그는 품을 떠난 양 한 마리가 바로 그와 함께 음식을 먹고 있는 죄인들이라는 것을 강조하시는 것이다(1~2절). 의인 아흔아홉은 자기들이 의로우므로 회개할 필요가 없다고 생각하는 바리새인들을 가리킨다.

15:8~10 잃어버린 은전의 비유가 가르치는 것은 죄인 한 사람이 회개하면 하나님의 사자들 앞에 기쁨이 된다는 것이다. 두 번째 비유는 첫 번째 것과 같으나 더 철저하게 찾는 것을 강조하고 있다. 은전을 잃어버린 여인은 무척 귀중한 그 은전을 찾을 때까지 집을 쓸며 부지런히 계속 찾았다. '드라크마'는 헬라의 은전으로 신약성경에서 오직 여기에만 나와 있는데 대략 하루의 품삯에 해당한다. 비유의 요점인 예수님과 어울리는 죄인들이 하나님께는 매우 중요한 존재라는 내용(6절과 9절에 유사한 단어가 나와 있다)은 예수님의 청중들에게 분명했다.

　그러고 나서 예수님은 잃어버린 아들과 그 형의 비유를 하나님은 모든 사람을 그의 나라에 들어오도록 초청하고 계신다는 것을 설명하기 위해 말씀하셨다.

15:11 어떤 사람에게 두 아들이 있었다. 두 아들의 대조가 이 비유의 요점이다.

15:12~20상 비유의 내용 가운데 이 부분은 동생의 행위를 묘사하고 있다. 그는 아버지에게 **재산 중에서 그의 몫을 달라고** 하는 흔치 않은 요구를 하였다. 정상적으로 재산은 아버지가 더 이상 그것을 잘 관리할 수 없을 때까지는 분배되지 않는다. 이 아버지는 그 아들의 청을 받아들여 유산 가운데서 그의 몫을 내어 주었다. **둘째 아들**은 그 재산을 가지고 멀리 가서, 추측하건대 그의 형이 말한 대로 창녀들에게 흠뻑 빠져 그 재산을 미친 듯이 허비하였다(30절). 이 말을 듣던 사람들은 즉시 이 이야기의 요점을 이해하기 시작했을 것이다. 예수님은 죄인들과 어울려 다닌다고 비난받아 왔다. 죄인들이란 하나님과 멀리 떨어져서 방탕한 삶으로 그들의 인생을 허비하는 사람들로 여겨졌다. 둘째 아들과는 달리 맏아들은 아버지와 함께 머물러 있었으며 그러한 일에 몰두하지 않았다.

흉년이 들었고 돈도 떨어져 둘째 아들은 유대인들이 혐오하는 **돼지 치는 일**을 하며 타국 사람을 위해 일해야 했다. 아마 그 먼 나라는 이방인들이 돼지를 치는(참조, 8:26~37) 갈릴리 바다 동쪽 지역인 듯하다. 그는 배가 고파서 그가 치는 돼지의 먹이인 **쥐엄 열매라도 먹기를 원했다.** 유대인으로서 그는 더할 수 없는 수치를 당하였다. 쥐엄 열매는 지중해 연안에서 나는 구주 콩나무 열매이다.

이 비참한 상황 속에서 그는 **제정신이 들었다(15:17).** 그는 자기 아버지에게 돌아가서 그를 위해 일하기로 마음먹었다. 틀림없이 자기 아버지를 위해 일하는 것이 타국인을 위해 일하는 것보다 더 나을 것이다. 그는 진정 그의 **아버지가 그를 일꾼으로(아들로서가 아니라) 고용해 주기를 기대**했다.

15:20하~24 이 비유의 세 번째 부분은 아버지의 반응을 묘사하고 있다. 그 아들이 아직도 멀리 떨어져 있는데 아버지가 그를 보았다는 사실로 미루어 볼 때 그 아버지는 아들이 돌아오기를 기다리고 있었다. 아버지는 그 아들을 **측은히 여겨** 그에게로 달려가 그를 안고 **입 맞추었다.** 그 아버지는 둘째 아들이 준비해 온 말을 들으려 하지도 않았다. 그 대신 **아버지는 종들을 시켜** 아들이 돌아온 것을 축하하는 잔치를 준비하려고 했다. 그는 아들에게 옷을 입히고 **반지를** 끼우고 신을 신겨 새로운 신분을 주었다.

　예수님은 의도적으로 잔치에 관한 주제를 다시 이용하셨다. 그는 이미 앞에서 도래할 왕국(13:29. 참조, 14:15~24)을 상징하는데 잔치를 말씀하셨다. 예수님의 청중들은 이 잔치의 깊은 의미를 쉽게 깨달았을 것이다. 죄인들(둘째 아들로 상징되고 있는)은 하나님께 가까이 나아가고 있으므로 하나님의 나라 속으로 들어가고 있는 것이다. 그들은 하나님께로 돌아가 용서받을 필요가 있다고 믿었다.

15:25~32 비유의 마지막 부분은 바리새인들과 서기관들을 상징하는 형의 태도를 묘사하고 있다. 그들은 큰아들이 동생에게 했던 것과 **똑같은 태도를 죄인들에게 보여 주었다.** 형은 밭에서 일하고 돌아오다가 무슨 일이 일어났는지 듣고 화가 났다. 마찬가지로 바리새인들과 서기관들은

예수님이 전하시는 메시지에 대해서 화를 내었다. 그들은 이스라엘 중에 있는 소외된 자들과 죄인들은 물론 이스라엘 이외의 이방인들이 하나님 나라의 일원이 된다는 것을 못마땅하게 여겼다. 잔치에 들어가기를 싫어 했던 큰아들처럼 바리새인들은 예수님이 이스라엘에게 나타내 보여 주시는 하나님 나라에 들어가기를 거부하였다.

흥미로운 것은 아버지가 나와서 잔치에 들어가기를 권했다는 것이다. 마찬가지로 예수님은 죄인들은 물론 바리새인들과도 함께 식사하셨다. 그는 바리새인들과 서기관들을 하나님의 나라에서 제하여 버리기를 원치 않으셨다. 그 메시지는 모든 사람에게 보낸 초청장이었다.

여러 해 동안 아버지를 섬기면서 명을 어긴 적이 없음에도 불구하고 아버지는 잔치를 베풀어 준 적이 결코 없었다고 형은 화를 내었다(29절). 그 말은, 큰아들이 자기가 일 때문에 아버지와 관계있다고 생각했다는 사실을 드러내는 말이었다. 그는 (아버지를 사랑해서 아니라) 보답을 바라고 아버지를 섬겼다. 심지어 자신이 아버지께 매인 바 되었다고 생각했다. 아버지는 큰아들에게 그가 이제까지 집에 있는 기쁨을 누려 왔다는 것과, 이제는 자기와 함께 동생이 돌아온 것을 기뻐해야 한다고 말하였다. "너는 항상 나와 함께 있으니 내 것이 다 네 것이 아니냐?"라는 말은 하나님의 선택된 백성의 일원으로서 종교 지도자들의 특권적인 위치를 암시하고 있다. 그들은 언약과 율법의 수령자들이며 수호자들이었다(롬 3:1~2; 9:4). 그들은 화내기보다는 다른 사람들이 그들과 연합되고 하나님의 나라의 구성원이 되는 것을 기뻐해야만 했다.

e. '부'와 하나님의 나라에 대한 예수님의 가르침(16장)

이 장에는 '부'에 관한 두 가지 비유가 나온다. 첫 번째 비유는(1~13
절) 주로 제자들에게 한 말씀이고(1절), 두 번째 비유는(19~31절) 첫 번
째 비유에 대한 바리새인들의 반응 때문에 한 말씀이다(14~18절).

16:1~8상 제자들이 그들의 재산을 하나님 나라의 뜻에 맞게 사용해야
한다는 것을 가르치기 위해 예수님은 불의한 청지기의 비유를 말씀하셨
다. 비유 뒤에(1~8절 상) 바로 적용이 나온다(8하~13절).

비유 속에서 **어떤 부자가 … 그의 청지기를 불러 그가 하던 일에 대한
보고서를 작성하여 제출하도록** 하였다. 부자는 그 청지기가 자기 재산을
현명하게 사용하지 못한다는 말을 들었었다. 예수님 당시에는 부자들이
그들의 재산을 관리하도록 청지기를 고용하는 일이 흔히 있었다. 그런 청
지기는 재산을 증식시킬 목적으로 재산을 관리하는 오늘날의 재산증식
담당자 또는 재산 관리인에 비유할 수 있다. 돈이 청지기의 것은 아니지
만 재산 증식을 위해 그 돈을 사용하는 것은 그의 권한이었다. 분명 그
청지기는 둘째 아들이 아버지 재산을 낭비했듯이(15:13) 주인의 재산을
함부로 사용하고 있었다.

비유의 처음 부분에서 그 부자는 청지기를 부정직하다기보다는 무책
임하다고 생각했다(16:2). 그 청지기는 해고되었다. 그러나 그때, 나중에
그를 고용할지도 모르는 친구를 만들기 위해 해고당할 처지에서 청지기
는 부자에게 **빚진 두 사람**을 불러 실제로 그들이 빚진 것보다 더 적게(기
름 800갈론을 400갈론으로, 밀 1,000말을 800말로) 빚 문서에 기록하라고
했다. 내가 청지기 자리에서 물러날 때, 사람들이 나를 자기 집에 맞아 줄 것

(4절)이라는 그의 말에 의도가 나타나 있다. 그 청지기가 행한 일에 대해 부자가 듣고 청지기가 일을 지혜롭게 처리하였으므로 그 부정직한 청지기를 칭찬하였다.

그 부정직한 청지기가 옳은 일을 한 것은 아니다. 그러나 그는 안정된 미래를 보장받기 위하여 물질을 사용하면서 앞일을 준비할 만큼 용의주도하였다. 예수님이 그의 제자들이 부정직해야 한다고 가르치시고 있는 것은 아니다. 그는 제자들이 미래에 있을 영적 유익을 위해 물질적인 것들을 사용해야 한다는 것을 가르치시고 있는 것이다. 이 비유가 좋지 못한 예로부터 좋은 교훈을 도출해 낸 경우이다.

16:8하~13 예수님은 이 세상에서 믿지 않는 자들과 함께 살아야 하는 제자들에게 비유를 세 가지 방법으로 적용시키셨다. 첫째, 사람은 돈을 다른 사람들을 하나님 나라로 끌어오는 데 사용해야 한다. 예수님은 세속의 자녀들이 자기네들끼리 거래하는 데는 빛의 자녀들보다 더 지혜롭다고 말씀하셨다. 여기서 예수님은 그의 제자들과 불의한 청지기를 구별한다. 불의한 청지기는 자기 인생을 더 편안하게 하는 방법을 찾는 '이 세상' 사람이다. 그러나 제자들은 더 '부정직하게'가 아니라 '현명하게' 행해야 할 '빛의 자녀들'(참조, 11:33~36; 엡 5:8)이다. 예수님은 빛의 자녀들이 이 세상의 재물을 사용해야 한다고 분명히 가르치셨다(16:9).

예수님은 뒤(13절)에서 사람이 "하나님과 재물을 겸하여 섬길 수 없다"고 말씀하시면서 '재물'이란 말을 사용하셨다. 9절에서 예수님은 재물을 쌓아 두거나 재물의 노예가 되지 말고 그것을 쓰라고 말씀하셨다. 재물은 예수님을 믿는 자들의 종이 되어야지 그 반대가 되면 안 된다. 불의한 청지기가 그 부자의 재산을 사용하였듯이 믿는 자들도 친구를 얻기 위해 재물을 사용해야 한다. 그러면 **영접을 받으며 영원한 집으로 들어가**게 될 것이다. 예수님을 믿는 자들이 재물을 지혜롭게 사용하면 다른 사람들로 하여금 하나님 나라의 메시지를 믿을 수 있도록 도와주고 그 메시지를 받아들이게 하는 데 유익할 것이다.

비유에 대한 두 번째 적용은 10~12절 사이에 나와 있다. 사람이 만일 그가 돈을 사용하는 데 충실하다면 그는 더 큰 것을 맡게 될 것이다. **참된 재물**(11절)은 믿는 자들이 가지게 될 하나님 나라의 영적인 풍성함을 가리키는 것 같다.

비유로부터 도출해 낸 세 번째 적용은 사람이 **하나님과 재물을 동시에 섬길 수 없다**(13절)는 것이다. 두 가지는 주인으로서 상호 배타적이다. 돈을 사랑하는 것이 하나님으로부터 멀어지게 한다(딤전 6:10). 반대로 하나님을 사랑하게 되면 그의 생활 속에서 돈이 주요 관심사가 되지 않는다.

16:14~18 돈을 좋아하는 바리새인들이 돈에 관한 예수님의 가르침에 부정적인 반응을 보였다. 그들은 예수님을 가난한 사람들이나 데리고 다니시는 가난뱅이로 보았으므로 **비웃고 있었으나**, 그가 돈에 대해 가르치시는 것에는 신경을 곤두세우고 있었다. 하나님은 사람들의 마음을 아시며 그들의 외모나 재산이 그분께 중요한 것은 아니라고 예수님은 대답하셨다. 비록 바리새인들이 자신들을 정당화시켰으나(15절. 참조, 15:7) 사람의 속마음을 판단하시는 하나님이 그들의 최후 심판자가 될 것이다. 바리새인들은 하나님이 주신 언약의 복을 오해하였다. 그들은 분명히 어떤 사람이 잘 사는 것은 그의 의로운 행위에 대해 하나님이 보답으로 주시는 복이라고 생각했다. 그들은 구약에 등장하는 많은 의인들이 물질이

없어 고생한 반면 많은 불의한 자들은 풍성했다는 사실에 전혀 관심을 기울이지 않았다.

16~18절은 스스로를 정당화시키고 있으나 실제로는 하나님께 심판 받고 있는 바리새인들에 관해 예수님이 방금 말한 것을 잘 설명해 주므로, 바리새인들에게 하신 돈에 관한 예수님의 가르침 속에 포함되어 있다. 예수님은 세례 요한의 때부터 자신이 하나님의 나라를 선포하고 있다고 말씀하셨다. 모든 사람들이, 바리새인들도 포함하여(14:15; 마태복음 11장 12절의 주해를 참고하라), 그 나라에 들어가려고 애쓰는 중이었다.

그러나 자신들이 옳다고 주장함에도 불구하고, 바리새인들은 아직 **율법**대로 살고 있지 않았다. 예수님은 이혼을 예로 드셨다. 이혼하고 다시 결혼하는 것은 **간음**을 행하는 것이다(예수님은 이 문제에 예외도 두었다. 마태복음 5장 32절; 19장 1~12절의 주해를 참고하라). 어떤 바리새인들은 이혼을 심각하게 생각하지 않았다. 사람이 간음을 행해서는 안 된다는 것은 인정하였다. 그러나 어떤 사람이 다른 여자를 원하면, 대부분의 바리새인들은 별 뚜렷한 이유 없이 현재의 아내와 이혼하고 그가 원하는 여자에게 장가드는 것을 묵인하였다. 그들은 이렇게 한다고 해서 간음이 행해진다고는 생각지 않았다. 그러나 예수님이 지적하셨듯이, 이 것은 사람의 눈에 그들 자신을 정당화시킬 수 있을지는 모르나, 하나님 앞에서는 옳다고 인정받을 수 없는 전형적인 예였다(16:15). 예수님은 율법(사람들이 따라서 살아야 할 것을 보여 주는)의 중요성을 지적하셨다.

16:19~21 예수님은 부자로 사는 것이 의롭다고 할 수 없다는 것을 보여 주기 위해 부자와 나사로의 비유를 말씀하셨다. 그 부자는 그가 원하는 모든 것을 소유하고 있었다.

자색은 그 색으로 염색한 옷을 뜻하고 **고운 베옷**은 속옷을 가리키는데, 둘 다 비싼 옷이다.

불구이며 거지인 **나사로**라는 불쌍한 사람은 아무것도 가진 것이 없었다. 한 사람은 자신을 위하여 **호사스럽게 사는**데, 다른 한 사람은 배고픔과 질병(종기)이 있는 극빈 속에서 살았다. 아마도 예수님이 나사로라는 이름을 선택한 것은 그 이름이 히브리어로 "도우시는 자, 하나님"이라는 뜻의 헬라어이기 때문일 것이다. 나사로는 그가 가난했기 때문이 아니라 하나님을 의지했으므로 의인이었다.

16:22~23 시간이 흘러 두 사람 다 죽었다. 나사로는 **아브라함의 품**으로 들어가고 **부자**는 죽어 고통을 느끼는 **지옥**에 들어갔다(24, 28절). 헬라어 하데스(ᾅδης)는 '지옥, 음부'(hell)로 흔히 번역되는데 신약성경에서 11회 사용되었다. 70인역 성경(Septuagint)에서는 61회나 히브리어 스올(죽은 자들이 가는 곳)을 번역하는 데 하데스를 사용하였다. 여기서 하데스는 백보좌 심판(계 20:11~15) 전에 구원받지 못한 자들의 처소를 가리킨다. '아브라함의 품'은 분명히 구약 시대에 믿는 자들이 죽어서 간다고 생각했던 낙원을 가리킨다(눅 23:43. 참조, 고후 12:4).

16:24~31 부자는 아브라함과 대화할 수 있었다. 그는 먼저 **나사로**를 보내어 그에게 **물**을 좀 가져다주게 해 달라고 간청했다. 아브라함은 그에게 그것은 불가능하며 세상에 있을 때 그는 원했던 것을 다 가져 보았으나, 나사로는 아무것도 가진 것이 없었다는 **사실을 기억해야만** 한다고 대답했다. 게다가 그 부자는 세상에 있을 때 나사로를 결코 도와준 적이 없었다. 더군다나 낙원과 음부를 분리시키는 **커다란 구렁텅이**가 있어, 아무도 한

쪽에서 다른 쪽으로 건너올 수 없었다.

그 부자는 두 번째로 그의 형제들에게 경고하도록 나사로를 세상에 보내달라고 간청하였다. 만일 어떤 사람이 죽었다가 다시 살아나면 그의 형제들이 그 사람의 말을 들을 것이라고 그는 생각했다(30절). 아브라함은 만일 그들이 성경(모세와 예언자들은 구약성경을 의미. 참조, 16절)을 들으려 하지 않는다면 죽었다가 살아난 사람의 말도 들으려 하지 않을 것이라고 대답했다.

예수님은 분명히 그 부자가 바리새인들이라는 것을 나타내려고 하셨다. 그들은 표적(너무나 확실해서 모든 사람이 믿을 수밖에 없는 표적)을 원했다. 그러나 그들이 성경을 믿기를 거부하였으므로 아무리 큰 표적이라도 그들은 믿지 않았을 것이다. 그 후 얼마 되지 않아서 예수님은 나사로라는 이름을 가진 다른 사람(요 11:38~44)을 죽은 자들 가운데서 일으키셨다. 이 사건 때문에 종교 지도자들은 예수님과 나사로를 모두 죽이려고 더 악착같이 음모를 꾸몄다(요 11:45~53; 12:10~11).

f. 하나님과 사람들에 대한 의무에 관한 예수님의 가르침(17:1~10)

17:1~4 예수님은 그의 제자들이 다른 사람들(1~4절)과 하나님께(6~10절) 가져야 하는 의무에 대해 가르치셨다. 예수님을 따르는 자들은 다른 사람을 죄짓게 해서는 안 된다. 이 세상에서 죄는 뿌리 뽑을 수 없다. 죄는 있게 마련이다. 그러나 예수님을 믿는 자들은 이 보잘것없는 사람들(어린아이들과 같이, 하나님 앞에서 자기 자신을 어찌 할 수 없는 사람들. 10:21; 막 10:24)에게 영적인 해(스칸달리세[$\sigma\kappa\alpha\nu\delta\alpha\lambda\acute{\iota}\sigma\eta$]: 죄짓게 하다)를 입히는 것보다 그 목에 연자 맷돌(곡식을 빻는 무거운 돌)을 메고 바다

에 던지는 편이 오히려 나을 것이다. 위에 언급된 '죄짓게 한다'는 것은 메시아에 대한 믿음의 부족을 말하는 것 같다. 예수님은 이미 바리새인들이 자신들도 하나님 나라에 들어가기를 거부할 뿐 아니라 다른 사람이 들어가려는 것조차도 막고 있다고 말씀하셨다(11:52).

예수님을 따르는 자들은 다른 사람들을 죄짓게 해서는 안 될 뿐 아니라, 다른 사람들을 용서함으로써(17:3~4) 죄에 대항해야 한다. 만일 형제가 범죄하면 꾸짖고, 뉘우치면 몇 번이라도 용서해야 한다. "하루에 일곱 번이라도"라는 말은 그것이 아무리 여러 번이라도 끝까지 용서하라는 뜻이다.

17:5~10 예수님은 또한 그를 따르는 자들은 하나님께 의무를 다해야 한다고 가르치셨다. 첫 번째 의무는 **믿음을 가지는 일**이다. 제자들이 예수님께 **믿음을 더하여** 달라고 했을 때, 그는 그들에게 더 큰 믿음이 필요하기보다는 바른 종류의 믿음이 필요하다고 대답하셨다. 아무리 작은 믿음이라도(씨 중에서 가장 작은 **겨자씨** 같은 믿음이라도. 참조, 13:19) 뿌리가 깊이 뻗은 **뽕나무**를 뿌리째 뽑히게 하는 것과 같은 놀라운 기적을 행할 수 있다(17:6).

제자들이 하나님께 대하여 가지고 있는 두 번째 의무는 겸손한 봉사이다(7~10절). 그들은 마땅히 해야 하는 일에 대하여 어떤 특별한 칭찬을 기대해서는 안 된다. 종은 자신의 일을 한 것에 대하여 주인으로부터 특별한 칭찬을 받지 못한다. 마찬가지로 제자들도 하나님의 무익한(아크레이오이[ἀχρεῖοι]: 아무 쓸모 없는. 여기와 마태복음 25절 30절에만 사용되었음) 종으로서 겸손하게 완수해야 할 분명한 책임이 있는 것이다.

4. 하나님의 나라와 제자들의 마음가짐에 대한
예수님의 가르침(17:11~19:27)

이 부분에서 누가는 예수님이 예루살렘으로 가는 동안에 예수님의 생활 속에서 일어난 일련의 사건들을 모아 놓았다. 그 사건들은 제자들이 도래하는 하나님의 나라에 대하여 가져야 할 태도에 대해 가르치고 있다.

a. 돌아온 나병 환자 한 사람(17:11~19)

17:11~14 예수님이 예루살렘으로 가는 도중에 사마리아와 갈릴리 사이로 지나가시게 되었다. 그때 나병 환자 10명이 도움을 요청했고, 그는 멀리서 그들을 고쳐 주셨다. 이 사건은 누가복음에 나오는 나병 환자가 치유된 두 번째 사건이었다(참조, 5:12~16). 먼저의 경우와 같이 예수님은 그들에게 그들 자신을 제사장에게 보이라고 하셨다. 돌아가던 중에 그들은 깨끗해졌고 의식적(儀式的)으로도 정결하게 되었다.

17:15~19 오직 그중에 한 사람(이방인, 즉 사마리아인)만 예수님께 감사드리러 돌아왔다. 이 사람은 그에게 이루어진 사건의 깊은 의미를 이해하였다. 그는 하나님을 찬양하면서 경배하는 자세로 예수님의 발아래 엎드렸다. 그는 분명히 예수님이 하나님이시라고 이해했다. 왜냐하면 그는 예수님을 믿었기 때문이다. 누가복음에는 그가 예수님을 메시아로 이해했는지의 여부는 거론되지 않고 있다. 나머지 아홉 사람이 가지고 있는 감사하지 않는 태도는 유대 민족이 예수님의 사역을 거부한 것을 상징한다. 예

수님만이 그 민족을 깨끗하게 하고 의식적으로 정결하게 할 수 있는 능력을 가지고 계셨다. 그러나 그 민족은 그에게 바르게 응답하지 못했다. 그들은 예수님이 하실 수 있는 일(그들을 치료하고 먹이는 일 같은)은 받아들였으나 그를 메시아로 받아들이기는 원치 않았다. 그러나 그 민족 이외의 사람들(유대인들에게 이중으로 배척받고 있는 사마리아인이나 나병 환자 같은)은 바른 반응을 보이고 있었다.

b. 하나님 나라의 존재에 대한 예수님의 가르침
(17:20~37; 마 24:23~28, 37~41)

17:20~21 바리새인들이 예수님께 "하나님의 나라가 어느 때에 임하나이까?"라고 물었다. 이것은 당연한 질문이었다. 왜냐하면 그는 하나님의 나라가 가까이 다가왔다고 누차 말씀하셨기 때문이었다. 예수님은 그 질문에 두 가지로 대답하셨다. 첫째, 바리새인들은 하나님 나라의 도래를 눈으로 볼 수 없다는 것, 둘째, 하나님의 나라는 그들 가운데 있다는 것이었다.

"너희 안에"라는 말은 자주 오해를 받는다. 바리새인들은 예수님을 메시아로 받아들이기를 거부하고 있었다. 그러므로 그들은 믿는 자들이 아니었다(그들은 예수님이 22절 처음 부분에서 말한 제자들과는 구별된다). 그러므로 바리새인들이 마치 하나님의 나라가 일종의 영적인 왕국인 것처럼 하나님 나라가 그들 가운데 있다고 말하는 것은 예수님이 생각하실 때 말도 안 되는 일이었다. "너희 안에"(엔토스 휘몬[ἐντὸς ὑμῶν])라는 구절을 "너희 가운데"로 번역하는 것이 더 나을 듯하다. 어떤 학자들은 그 표현의 참뜻은 "너희들의 생각 안에 또는 너희들이 손을 뻗치면

닿는 범위 안에"라고 생각하고 있다.

예수님이 하고자 하시는 말씀은 자신이 그들 가운데 지금 서 있다는 것이었다. 그들 모두가 해야 할 일은 예수님을 하나님 나라를 도래케 할 수 있는 메시아로 인정하여 하나님 나라를 도래케 하는 일이었다.

17:22~25 그러고 나서 예수님은 그의 제자들에게 하나님 나라에 대한 몇 가지 사실을 말씀하셨다. 첫째, 그는 제자들이 그가 다시 오는 것을 보기 원할 때가 올 것이나, 그들은 그날을 보지 못할 것이라고 하셨다 (22절). 둘째, 하나님 나라가 임하게 되면 모든 사람이 그것을 보게 될 것 (23~24절)이라 고 하셨다. 그 나라는 감추어진(예를 들면, 내적이며 영적이기만 한) 왕국이 아닐 것이다. 그 나라는 온 세계가 알게 될 나라일 것이다. 그의 나타나심은 번개와 같을 것이다(참조, 마 24:27, 30). 셋째, 예수님은 그의 제자들에게 그 나라가 임하기 전에 그가 먼저 **고난을 받아야**만 한다고 말씀하셨다(17:25).

17:26~27 예수님은 그 나라의 도래를 노아 시대에 홍수가 임했던 것과 소돔에 심판이 임했던 것에 비유하셨다(29절). 이 두 가지 사건을 거론함으로써 예수님은 그 나라의 심판적 측면을 강조하셨다. 그가 그의 나라에 앉으실 때 사람들은 그 나라에 들어갈 수 있는지의 여부를 심판받게 될 것이다. 이 부분(17:26~35)에서 예수님은 그 나라에 들어가는 기쁨이 아니라 그 나라에 들어가기에 앞서 있을 심판에 관하여 말씀하시고 있다.

예수님은 그의 제자들에게 노아 시대의 사람들은 **홍수**에 대비하지 않았고, 그래서 그들은 완전히 **멸망했다**(창 6장)고 상기시키셨다. 똑같은 문제(사람들이 준비되어 있지 않을 것이라는 문제)가 그 나라가 임할 때도 있을 것이다.

17:28~33 마찬가지로 관능적이고 하나님 나라에 무관심한 소돔 사람들(먹고 마시고, 사고 팔고 농사짓고 집 짓고 하던)은 하나님의 심판을 준비하지 않았다(창 19장). 그들은 죄 가운데 살고 있었으며 하나님을 잊어버리고 있었다. 그러므로 그들은 **멸망했다.** 예수님은 그를 따르는 자들에게 하나님 나라가 임할 때 **롯의 아내처럼** 물질적인 것에 집착하다가 심판받지 않도록 상기시키셨다. 지붕 위에서 일하거나 쉬고 있는 사람들은(팔레스타인에 있는 대부분의 집들은 지붕이 평평하다) 세간을 가지러 그들의 집으로 들어가서는 안 된다. 밭에서 일하는 사람들도 자기들의 소유를 위하여 집으로 돌아가지 말아야 한다. 조금만 지체해도 치명적이다. 누구든지 자기 소유에 되돌아감으로써(31절) 자기 목숨을 보존하고자 하는 사람들(17:33)은 그것을 잃을 것이다.

17:34~36 예수님은 어떤 자들은 심판에 들어가게 될 것이라고 하셨다. 세상의 일부는 밤일 것이고(사람들은 잠자고 있을 것이다) 다른 곳은 낮일 것이다(그들은 **곡식 빻는 일** 같은 낮에 하는 일을 하고 있을 것이다). 데려감을 당한다는 것은 그 기쁨에 참예하는 것이 아니라 심판에 처해진다는 뜻이다. 남은 자들은 하나님 나라에 들어가게 될 것이다(어떤 사본에는 36절에 "또 두 사람이 밭에 있다면, 그중 하나는 데려가고 하나는 남겨 둘 것이다"라는 구절이 첨가되어 있다. 이 구절은 마태복음 24장 40절과 조화를 이루기 위해 삽입되었을 확률이 높다).

17:37 제자들이 예수님께 어디서 이런 일이 일어나겠느냐고 질문했다. 예수님의 모호한 대답(주검 있는 곳에는 독수리가 모이느니라)은 여러 가지로 해석되어 왔다. 이들이 심판을 당하게 될 것이라는 사실을 예수님이 재확인한 것으로 이해하는 것이 제일 나은 듯싶다. 시체가 많이 있으면 그 위에 독수리가 '모이듯이' 죽은 사람들은 그 나라에 갈 준비가 되어 있지 않으면 심판에 넘겨질 것이다(참조, 마 24:28; 계 19:17~19).

c. 기도에 대한 예수님의 가르침(18:1~14)

여기에는 기도에 대한 예수님의 비유 두 개가 들어 있다. 하나는 제자들에게 말한 것이고(1~8절), 다른 하나(9~14절)는 "자기들의 의에 대하여 뽐내고 있는 사람들"에게 한 것이다.

18:1~8 예수님은 기도에 있어 줄기찬 인내, 즉 그의 제자들은 항상 기도하고 낙심치 않아야 한다는 것을 가르치기 위해 불의한 재판관의 비유를 말씀하셨다. 2~5절에는 비유 자체의 이야기만 나온다. 어떤 과부가 자기의 사건을 바르게 재판해 달라고 호소하기 위해 어떤 불의한 재판관을 계속 찾아다녔다. 그는 계속해서 그 여자의 사건에 대해 '들으려'하지 않았으나 마침내 그는 그 과부가 자기를 번거롭게 하는 일을 그만두도록 그 여자의 원한을 풀어 주기로 마음먹었다.

예수님은 그 불의한 재판관조차 바른 판결을 해 주기로 마음먹었다면 (바른 재판관이신) "하나님이 속히 그 원한을 풀어 주시지 않겠는가?"라고 말씀하시면서 그 비유(6~8절)를 해석하셨다. 인자가 올 때에 세상에서 믿음을 보겠느냐는 예수님의 질문은 알지 못해서 한 말씀이 아니었다. 또 그가 다시 올 때 믿는 자들이 아무도 없는 것이 아닌가를 묻고 있는 것도 아니었다. 그는 다만 제자들이 기도에 대한 믿음을 갖도록 고취시키고 격려하여 계속 기도하도록 그 질문을 하신 것이다. 이것이 나쁜 예로부터 좋은 교훈을 주는 또 하나의 경우이다(참조, 16:1~13).

18:9~14 바리새인과 세리의 기도를 비유로 든 목적은, 사람은 자기의 의를 믿어서는 안 되며 다른 사람들을 경멸해서도 안 된다(9절)는 것을 가르치기 위함이다. 바리새인의 기도는, 하나님께 금식하고 십일조를 바침으로써(12절) 율법을 지켰을 뿐만 아니라, 다른 사람보다 자신이 더 선하다(11절)는 것을 말하는 데 관심이 있었다. 그는 다른 사람을 자기의 의를 재는 척도로 사용하고 있었다.

반면에 세리는 하나님을 자기의 의를 재는 척도로 생각하였다. 그는 용서받기 위하여 자신을 하나님의 **자비하심**에 전적으로 의지할 수밖에 없다는 것을 깨달았다.

그 비유에 대한 예수님의 적용은 13장 30절에 있는 그의 가르침을 잘 나타내고 있다. 용서받기 위해 하나님 앞에 겸손해야 할 필요가 있으며, 자신에 대하여 자부심을 가지는 자들(**자신을 높이는 모든 사람들**)은 하나님이 낮추실(**초라하게 만드실**) 것이다.

d. '어린아이 같음'에 대한 예수님의 가르침
(18:15~17; 마 19:13~15; 막 10:13~16)

18:15~17 누가는 앞에 나온 비유의 의미를 철저하게 파악하도록 여기에다 짤막한 내용을 배열하였다. 예수님은 하나님 앞에서 겸손해지는 것

이 필요하다고 가르치셨다. 이 구절들에서 그는 겸손을 어린아이 같음에 비유하고 있다. 어린아이들이 내게 오는 것을 용납하고 금하지 말라. 하나님의 나라가 이런 자의 것이니라. 이 말씀 가운데서 예수님은 사람들이 하나님의 나라에 들어가기 위하여 그에게 겸손하게 나와야 한다고 가르치시고 있다. 아이들은 기대와 긴장감을 가지고 나아온다. 자신들이 자격이 없다는 것을 느끼며 나아온다. 그들은 전적으로 남에게 의지한다. 만일 이런 태도가 사람들에게 있지 않으면, 그들은 결코 하나님 나라에 들어갈 수 없다.

e. 부는 인생의 중요한 문제들에 대해 장애가 된다는 예수님의 가르침 (18:18~30; 마 19:16~30; 막 10:17~31)

18:18~20 어떤 관원(그는 매우 부자였다. 23절)이 어떻게 하면 **영생을** 얻을 수 있는가에 관해 물어보려고 예수님께 왔다. 이 사람은 아마 산헤드린 의원이거나 지역 회당의 관리였을 것이다. "영생을 얻기 위하여"라는 말은 하나님의 나라에 들어가는 것을 의미한다(참조, 요 3:3~5). 이 사람은 어떤 행위가(**내가 무엇을 해야 합니까**) 하나님과 올바른 관계를 맺게 하는지를 알기 원했다.

그 사람은 예수님을 선한 선생님이라 불렀다. 예수님은 **하나님 한 분만이 선하시다**, 즉 하나님만이 진실로 의로우시다고 대답했다. 분명히 그 사람은 예수님이 그분 자신의 훌륭한 행위로 하나님께로부터 상당한 지위를 획득했다고 생각했다. 예수님은 자신이 만일 진정으로 선하다면, 그것은 자신이 하나님이기 때문이라는 것을 암시하셨다. 그렇다면 이것은 또 다른 예수님의 신성 주장이다.

예수님은 그 사람의 질문에, 사람과 사람 사이의 상호 관계를 규정하고 있는 7계명, 6계명, 8계명, 5계명을 지키라(출 20:12~16)고 말씀하셨다(10계명 중 처음 네 계명은 하나님께 대한 사람의 관계를 규정하고 있다).

18:21~22 그 사람이 어릴 때부터 이 모든 계명을 지켜 왔다고 대답한 것은 거의 틀림없는 말이었다. 그는 모범적인 시민이었을 것이다.

예수님은 그에게 그가 해야 할 필요가 있는 일이 또 하나 있다고 말했다. 그가 예수님을 따르려면, 그리고 그 일을 하기 위해서는 그의 소유를 팔아 가난한 자들에게 나누어 주어야 한다는 것이었다. 이 행위는 다른 사람에게 속한 것 뿐 아니라, 자기 자신의 것에 대한 욕심과 소유욕을 포함하는 탐욕에 대한 10계명의 시금석이 되는 것이다. 그가 멈칫한 것은 이 점에서였다.

예수님의 논리는 분명했다. (1) 사람은 영원한 생명을 얻기 위하여(약 2:10) 율법을 완벽하게 지켜야 한다. (2) 오직 하나님 한 분만이 선하시다. 참으로 의로우시다. (3) 그러므로 아무도 율법을 지킴으로써 영생을 얻을 수 없다(롬 3:20; 갈 2:21; 3:21). 각 사람에게 남아 있는 유일한 행위의 길은 영생을 얻기 위해 예수님을 따르는 것이다.

18:23~25 그 관원은 그 걸음을 내딛을 준비가 되어 있지 않았다(삭개오와 비교해 보라. 19:8). 그는 예수님과의 대화 초반에 그가 그렇게 점잖게 물어보았던 "영생"을 얻겠다는 생각보다는 자기 재산에 더 관심이 있었다. 예수님은 부가 사람이 영생을 얻는 데 방해가 된다고 말씀하셨다. 부는 종종 인생에서 참으로 중요한 것이 무엇인가에 대한 사람의 생

각을 흐리게 한다. 예수님은 불가능한 것을 나타내는 데 쓰이는, 낙타가 **바늘구멍**(베로네스[βελόνης]: 성문 안에 있는 작은 문이 아니고 바늘구멍)으로 들어간다는 흔한 과장법을 사용하셨다. 마찬가지로 **부자**가 구원 얻기는 아주 어렵다(그러나 불가능하지는 않다. 참조, 삭개오 이야기 19:1~10).

18:26~27 제자들은 할 말을 잃었다. 그들도 바리새인들처럼 부가 하나님의 복이라고 잘못된 생각을 해 왔기 때문이다. 만일 그 관원 같은 사람이 구원받지 못하면, 누가 구원을 얻을 수 있는가? 예수님은 모든 부자를 구원으로부터 제외시키지는 않으셨는데, 사람이 **할 수 없는 것을 하나님**은 하실 수 있다고 대답했기 때문이다.

18:28~30 베드로가 예수님을 따르는 자기들의 희생에 대하여 말하자, 예수님은 그들이 엄청난 보상을 받을 것이라고 대답하셨다. 비록 그들이 가정을 버렸으나(참조, 14:26~27) 그들은 이 세상에서 여러 배의 상을 받을 것이며 **또 영생**을 얻을 것이다. 예수님은 분명히 제자들과 사역을 함께하는 믿는 자들의 공동체를 지칭하셨다. 그들은 깊이 결속된 가족이 되었고, 모든 것을 서로 나누었으며, 그래서 아무도 부족한 것이 없었다(행 2:44~47; 4:32~37).

f. 부활에 대한 예수님의 가르침
   (18:31~34; 마 20:17~19; 막 10:32~34)

18:31~34 예수님은 그를 따르는 자들에게 **예루살렘**에서 그에게 일어

날 일에 대하여 여러 번 **말씀**하셨는데 이번에는 좀 더 분명히 말씀하셨다. 여기서 그는 실현될 사건을 설명하셨다. 그는 자기를 고소하고 죽이는 데 **이방인들이** 관여될 것이라고 분명히 말씀하셨다. 이것은 누가가 이방인들이 예수님의 죽음에 대하여는 아무 잘못이 없다고 독자들이 생각하기를 바라지 않았다는 점에서 중요하다. 온 세상이 구세주의 죽음에 책임이 있었다. 그러나 제자들은 이것을 전혀 이해할 수 없었다. 그들은 여전히 하나님의 나라가 곧 도래할 것이라고 생각했다. 그들은 그 이르신 바를 알지 못하였다.

g. 예수님과 소경(18:35~43; 마 20:29~34; 막 10:46~52)

이 구절과 다음 구절(19:1~10)에는 그 백성이 메시아에게 어떤 반응을 보여야만 했는가에 대한 두 가지 예가 나와 있다. 각각의 경우에 반응을 보인 사람은 유대주의의 본줄기에서 소외된 사람이었다.

18:35~38 여리고에서 멀지 않은 곳에서 어떤 맹인 하나가 예수님이 지나가실 때 그 주위의 웅성거리는 소리를 듣고 그 주위 사람들에게 무슨 일이냐고 물었다. 그는 나사렛 예수라는 말을 들었을 때 메시아가 거기 계시다는 것을 깨달았는데, 이는 그가 "다윗의 자손 예수여, 나를 불쌍히 여기소서!"라고 말한 것으로 알 수 있다. 그는 예수님이 메시아라고 생각한 것이다.

여기 누가의 설명에 위대한 상징적 의미가 있다. 그 사람은 길 가에 앉아서 어떤 일이 일어나기를 바라면서 구걸하던 거지였다. 그는 맹인이었고, 그의 형편을 개선할 아무런 힘도 없었다. 메시아가 그가 사는 마을로 지나가시게 되었다(그는 여러 마을로 돌아다니셨으므로). 즉시로 그 맹인은 그를 메시아로, 맹인 상태에 있는 자기를 구해 줄 수 있는 분으로 생각하였다. 자기 자신을 돌아볼 수 없는, 영적으로 버려진 자들이 유대의 종교 지도자들보다 훨씬 기쁘게 메시아를 인정하였고 그에게 도움을 청하였다.

18:39 앞서 가는 자들이 그를 조용히 시키려 했다. 이와 유사하게 종교 지도자들은 사람들이 예수님을 믿지 못하게 막으려 했다. 그러나 그 압력은 그 사람의 믿음을 부채질했다.

18:40~43 보고 싶다는 소원을 말하면서, 그는 메시아이신 예수님이 자기를 고칠 수 있는 능력을 가지고 있다고 확신했다. 예수님이 "네 믿음이 너를 구원하였다"라고 말씀하셨을 때, 그 맹인의 믿음이 어떤 능력을 가지고 있다고 말씀하신 것은 아니었다. 그는 메시아에 대해 믿음을 가지고 있었고, 그를 낫게 한 것은 메시아의 능력이었다(참조, 7:50; 17:19). 마찬가지로 그 백성이 메시아에 대한 믿음을 가지고 있다면, 그들의 믿음이 그들의 영적으로 먼 눈을 치료할 수 있었을 것이다. 그 사람이 낫게 되자, 그와 그 기적을 본 모든 사람들이 하나님을 찬양했다.

h. 예수님과 삭개오(19:1~10)

여리고에 살고 있던 두 번째 사람도 예수님에 대한 믿음을 가지게 되었다. 삭개오도 (맹인처럼) 세리로서 로마를 위해 일했으므로, 정상적인 유대인의 체제로부터 소외되어 있었다고 생각된다(5:27; 18:9~14). 삭개오는 예수님의 메시지에 대하여 그 부자 관원이 보여 준 반응(18:18~25)과는 아주 정반대의 반응을 보였다. 삭개오도 부자였으며(19:2), 자신이 죄인이라는 것을 알고 있었다. 예수님이 그를 불렀을 때, 그는 예수님이 요구한 것 이상으로 반응을 보였다. 이 사건 또한 하나님께는 능치 못함이 없다는 예수님의 말씀(18:25~27)에 대한 설명이 된다. 왜냐하면 삭개오는 구원받은 부자였기 때문이다.

19:1~4 이 사건은 좀 우스꽝스럽게 보인다. 여기서 **부자**이며 아마도 영향력이 있는 사람인 삭개오가 예수님을 보려고 군중 앞으로 달려가 돌무화과나무에(참조, 암 7:14) 올라갔다. 누가는 아마도 삭개오의 행동으로 사람이 만일 어린아이와 같지 아니하면 하나님 나라에 들어갈 수 없다는 예수님 말씀(18:17)을 설명하는 것 같다.

19:5~6 예수님은 이미 삭개오의 이름과 그에 대한 모든 것을 알고 계셨다. 그는 세리에게 "내가 오늘 네 집에 유하여야 하겠으니 속히 내려오라"고 하셨다. 이것은 삭개오가 기대하던 것 이상의 일이었으므로, 그는 예수님을 **기쁨으로** 영접하였다. '기쁨으로'라는 말은 **카이론**($\chi\alpha\acute{\iota}\rho\omega\nu$)으로 문자적으로는 '즐거워하며'라는 뜻이다. 누가는 이 동사(명사는 **카라** [$\chi\alpha\rho\acute{\alpha}$])를 믿음과 구원에 수반되는 기쁨의 상태를 나타내는 데 아홉 번이나 사용했다(1:14; 8:13; 10:17; 13:17; 15:5, 9, 32; 19:6, 37).

19:7~10 여느 때와 같이 예수님이 '죄인'의 손님으로 간 것 때문에 많은 사람들이 불평했다(수근거리기 시작했다. 참조, 15:1). 그러나 삭개오는 일어나서 자원하여 말하기를 그가 가진 소유의 절반을 가난한 자들에게

주고 그가 더 부과한 세금에 대하여 네 배나 돌려주겠다고 하였다. 삭개오는 모든 사람들이, 그가 예수님을 만남으로써 그의 인생이 변화되었다는 것을 알기를 원했다. 재미있는 것은 예수님이 부자 관원에게 하라고 하셨던 것(18:22)과 유사하게 삭개오가 그의 재산의 많은 부분을 나누어 주었다는 것이다.

오늘 구원이 이 집에 이르렀다는 예수님의 말씀은 가난한 자들에게 나누어 준 행위가 삭개오를 구원한 것이 아니라, 그의 삶의 양식의 변화가 하나님 앞에서 그의 바른 관계를 분명히 보여 준다는 것을 암시하고 있다. 날 때부터 아브라함의 자손인 삭개오는 예수님과 연결되었으므로 하나님 나라에 들어갈 권리를 얻었다. 그것이 잃어버린 자를 찾아 구원하려는 예수님의 사역이었다.

i. 책임 맡은 청지기 일에 대한 예수님의 가르침 (19:11~27; 마 25:14~30)

이 비유로 배척에 응답하여 행한 예수님의 가르침이 마무리된다 (12:1~19:27). 이 비유는 또한 왕국의 도래와 제자들의 태도에 대한 예수님의 가르침(17:11~19:27)의 한 부분을 결론짓는다. 예수님의 제자들은 감사할 줄 아는 나병 환자(17:11~19)처럼 되어야 하고, 기도에 인내를 가져야 하며(18:1~14), 어린아이처럼 순진해야 하고(18:15~17), 앞에 나온 맹인 같아야 하며(18:35~43), 부자 관원(18:18~25)과 정반대인 삭개오 같아야(19:1~10) 한다.

열 므나에 대한 비유는 제자들에게 예수님께서 말씀하신 가르침의 요약이다. 모든 제자들은 각각 예수님께로부터 받은 의무를 가지고 있으며, 각자는 자신의 책임을 완수해야 한다. 그러나 이 비유는 제자들에게만 해당되는 것은 아니다. 그것은 크게는 이스라엘도 역시 책임을 갖고 있다는 것을 보여 주기 위한 것이기도 했다. 만일 이스라엘이 예수님께 돌아오지 않으면 벌을 받게 될 것이다.

19:11 예수님은 이 비유를 그와 함께한 사람들이 예수님에 의해 당장에 하나님의 나라가 도래할 것이라 생각하고 있었기 때문에 말씀하셨다. 그들이 예루살렘 가까이에 이르렀으므로, 예수님은 그를 따르는 자들이 실망하지 않게 되기를 원하셨다.

19:12~14 귀인은 분명히 예수님을 나타낸다. 그를 따르는 자들이 하나님의 나라가 당장에 나타날 것으로 생각하고 있었으므로, 예수님은 비유에서 그 귀인이 왕위를 받아 오려고 먼 나라로 떠나야만 한다고 말씀하셨다. 하나님의 나라가 나타나기 전에 그는 그들을 떠나야만 한다. 떠나기 전에 그 귀인은 **종 열 사람을 불러 열 므나를 각자에게 한 므나씩 나눠 주었다.** 한 므나는 약 3개월분의 급료에 해당되므로 그 가치는 적지 않은 것이었다. 그가 없는 동안, 돈을 그들에게 투자한 것이었다. 그의 백성 중에 다른 그룹의 사람들은 그가 왕이 되는 것을 원치 않았다. 분명히 이 그룹은 구체적으로는 종교 지도자들을, 일반적으로는 이스라엘을 나타낸다.

19:15~26 그 왕은 돌아와서 그가 그들에게 맡겼던 돈으로 그들이 무엇을 했는가를 알아보려고 그 종들을 불렀다. 처음 두 종은 그 왕을 위하여 이익이 많이 나도록 그 돈을 사용하였다. 한 사람은 다른 열 므나를 벌었고(16절), 두 번째도 또 다른 다섯 므나를 벌었다(18절). 왕은 이 종들을

칭찬했고, 벌어들인 돈의 액수만큼 보답하였다(17, 19절).

다른 한 종은 그에게 주어진 므나를 가지고 아무 일도 하지 않았다. 그가 왕에게 한 "당신이 엄한 사람인 것을 내가 무서워함이라. 당신은 두지 않은 것을 취하고 심지 않은 것을 거두나이다"라는 말은 주인에 의하여 그에게 그대로 적용되었다(22절). 만일 그가 옳은 사람이었다면 적어도 그 돈을 은행에 넣어, 후에 왕이 이자와 함께 자기의 돈을 되돌려 받게 해야 했다. 본문이 암시하는 바는 그 종은 그 왕이 돌아올 것을 정말로 기대하지 않았다는 것이다. 그는 왕이 돌아오는 것에 대해 전혀 관심이 없었으므로, 왕의 일로 수고하지 않았다. 마태는 세 번째 종이 하나님의 나라에서 쫓겨남을 당하리라 했다(마 15:30). 이것은 이 종이 참으로 그 왕의 통치를 원하지 않았던 사람들 가운데 한 사람이었음을 나타내 준다(19:14). 그의 돈은 회수되어 그 왕을 위해 가장 많은 일을 한 사람에게 주어졌다.

19:27 왕의 돌아옴을 기대했던 두 종과 반대로, 왕의 적대자들은 왕 앞에서 죽임을 당했다. 이 비유가 나타내고자 하는 뜻은 예수님의 청중들에게 분명했다. 예수님은 왕위를 얻으려 떠나려 하고 있었다. 그가 돌아오면 그는 자기의 왕국을 세울 것이다. 그때까지 그를 따르는 자들은 그가 그들에게 부여한 책임을 다해야 한다. 그가 돌아오는 날 그는 충성된 자들에게 그들이 자기를 위해 일한 만큼 보답할 것이고, 그를 반대하던 자들은 그 앞에서 심판받을 것이다.

VI. 예루살렘에서의 예수님의 사역 (19:28~21:38)

예수님의 목표는 예루살렘에 가서 종교 지도자들에게 자신을 메시아로 소개하는 일이었다. 이제 그는 예루살렘에 도착하여 그곳에서 일하시게 되었다. 이 부분은 두 부분으로 나뉜다. (1) 예수님의 예루살렘 입성과 메시아로 나타나심(19:28~44)과 (2) 성전에 들어가 그곳에서 얼마 동안 가르치심(19:45~21:38)이 그것이다. 그곳에 있던 사람들은 그가 자신을 메시아로 나타내고 있다는 것과, 그가 하나님 나라의 도래를 가능하게 하는 능력을 가지고 있다는 사실을 분명히 알고 있었을 것이다.

A. 예수님이 메시아로서 예루살렘에 입성하심 (19:28~44; 마 21:1~11; 막 11:1~11; 요 12:12~19)

지금까지 예수님은 공공연하게 메시아로 불리는 것을 바라지 않으셨다. 그러나 이제는 그것을 허락하셨고, 심지어는 그렇게 부르도록 조장하셨다. 그가 예루살렘에서 며칠 동안 행하신 모든 일은 그가 메시아라는 사실에 주의를 환기시키려는 것이었다.

1. 입성 준비(19:28~34)

19:28~34 누가는 이제 예수님이 예루살렘으로 올라갈 때가 되어 스스로 입성 준비를 하셨다고 적고 있다. 예수님은 여리고에서부터 오셨으며 (18:35~19:10) 예루살렘에서 멀지 않은 벳바게와 베다니에 머물고 계셨

다. 거기서 예수님은 자신이 예루살렘에 입성할 때, 사람들이 그가 자신을 메시아로 나타내고 있다는 것을 알게 하기 위해서, 그 길이 준비되기까지 멈추어 계셨다. 그는 두 제자에게 명하여 어린 나귀 하나를 발견하게 될 것이니 그것을 이리로 가지고 오라고 하셨다. 예수님은 메시아가 어린 나귀를 타고 오리라고 예언한 스가랴 9장 9~10절의 말씀을 이루고 계셨다(나귀와 나귀 새끼를 함께 언급하고 있는 마태복음 21장 2절에 대한 주해를 보라). 본문에서 볼 수 있듯이(19:38) 군중들은 그 상징의 의미를 이해하고 있었을 것이다. 분명히 나귀 새끼의 주인도 주께서 쓰시겠다는 말을 듣고 그것을 제자들과 함께 가도록 허락한 것으로 보아 그 의미를 이해하고 있었다.

2. 예루살렘 도성으로 다가가심(19:35~40)

19:35~40 예수님이 감람 산 서쪽 내리막길에 이르렀을 때(37절) 사람들은 그를 자기들의 메시아로 찬양했다. 예수님의 앞에서 그들의 겉옷을 길에 펴는 행위(36절)는 존경의 표시였다. 제자의 온 무리가(자기들의 본바) 모든 능한 일(뒤나메온[δυνάμεων]: 영적 능력의 증거들)을 인하여 기뻐하였다. 이들은 메시아 찬송시인 시편 118편 26절을 인용하였다(38절 상). 바리새인들이 예수님한테 제자들을 꾸짖어 그들이 예수님을 메시아나 왕으로 부르는 것을 그만두도록 말하라고 한 것으로 보아, 그들도 어떤 일이 일어나고 있는지 그 의미를 이해하고 있었다.

예수님은 자신이 메시아라는 사실이 선포되어야만 한다고 대답하셨다. 만일 그렇지 않다면, 생명 없는 것들(돌들)이라도 예수님이 메시아라고 소리 지를 것이다. 모든 역사는 메시아가 공공연하게 자신을 이스라엘에 드러내셨고, 하나님도 이 사실이 백성들에게 인정되기를 원하신, 이 유일하고도 눈길을 끄는 사건을 강조해 왔다.

3. 예루살렘에 대한 예수님의 예언(19:41~44)

19:41~44 예수님은 예루살렘에 대해 동정심을 보여 주셨으나, 날이 이르면 그 성이 황폐해질 것이라고 예언하셨다. 예루살렘이 그분을 버렸으므로, 예수님도 예루살렘을 거부하실 것이다. 그는 그 도시의 백성들이 그 날 일어나고 있는 사건의 깊은 뜻(그날 그 나라 온 백성이 예수님을 영접한다면 그들에게 평화가 임할 것이다)을 이해하지 못했기 때문에 그 도시를 보고 우셨다. 그 백성들이 하나님의 도래의 때를 인정하지 않았으므로(44절), 그 도시는 완전히 멸망할 것이다. 로마 군인들이 AD 70년 초에 이 일을 행했다.

B. 성전 안에서의 예수님(19:45~21:38)

예수님은 성전을 정화하고, 거기서 종교 지도자들과 논쟁을 하며, 그의 제자들에게 마지막 날에 어떤 일들이 일어날 것인가를 말씀하셨다 (21:5~36).

1. 예수님이 성전을 청결케 하심
(19:45~46; 마 21:12~13; 막 11:15~17)

19:45~46 예수님은 성전을 두 번(그의 사역 초기에 한 번[요 2:13~2], 그의 사역 마지막 부분에서 다시 한 번) 청결하게 하셨다. 마태·마가·누가는 두 번째 사건은 기록하고 있으나, 첫 번째 사건에 대해서는 아무 말도 하지 않았다. 메시아로서의 그의 역할 때문에 그 민족에게 요구하는 의식적 정결은 그의 사역 초기와 말기에 필수적인 것이었다. 어느 경우이건, 성전에서의 그의 가르침은 종교 지도자들에 의해서 무시되었다.

예수님은 성전에서 장사하는 자들을 내어 쫓으면서 이사야 56장 7절과 예레미야 7장 11절을 인용하셨다. 마가는 장사하느라고 성전 경내를 가로질러 다니는 자들뿐만 아니라 매매하는 자들과 돈 바꾸는 자들도 쫓겨났다고 덧붙이고 있다(막 11:15~16).

성전에서는 희생에 쓸 짐승들을 사는 사람들에게서 특정한 화폐만 받았기 때문에 돈 바꾸는 일이 행해질 수 있었다. 종교 지도자들은 희생에 쓸 짐승들을 사고파는 제도를 통해 사람들의 돈이 한 푼도 남지 않게 했다(이렇게 해서 성전을 **강도의 소굴**로 만들고 있었다). 또한 그들은 사람들을 형식주의에 빠지게 했다. 예루살렘으로 여행하는 순례자는 성전에 가서 짐승을 사고, 이제까지는 아무 상관도 없었던 짐승을 희생 제물로 드릴 수 있었다. 이것은 희생 제도의 비인격화를 조장했다. 신앙심 깊은 이방인들이 기도할 수 있도록 지정되었던 성전 구역 내에 장사꾼 조직이 생기면서 주변의 세계에 증인의 역할을 담당해야 하는 이스라엘의 위치가 와해되고 있었다.

2. 성전에서 행하신 예수님의 가르침(19:47~21:38)

여기서 두 부분 – 성전에서 행하신 예수님의 논쟁(20:1~21:4)과 제자들에게 하신 가르침(21:5~36) – 은 도입 부분(19:47~48)과 결론 부분(21:27~38)에 의해 괄호로 묶인다. 도입 부분과 결론 부분에서는 사람들이 예수님의 가르침에 놀랐으며 그의 말 듣기를 즐거워했던 반면, 대제사장들과 백성의 지도자들과 서기관들은 예수님을 죽이려 했음(19:47)을 볼 수 있다.

a. 백성들의 기쁨(19:47~48)

19:47~48 예수님이 매일 성전에서 가르치시자 그것이 백성들에게는 기쁨이 되었다. 그들은 그의 말씀을 열심히 들었으나 종교 지도자들은 그를 죽이려 했다. 그러나 그들은 백성들을 두려워하였다(20:19; 22:2; 행 5:26).

b. 성전에서 행하신 예수님의 논쟁
(20:1~21:4; 마 21:23~23:37; 막 1:27~12:44)

예수님이 성전을 청결하게 하신 당연한 결과로 종교 지도자들이 그를 다시 배척하기 시작했고, 다툼이 일어났다. 예수님은 성전의 정상적인 '종교적' 분위기를 뒤집어엎으셨는데, 이 때문에 그의 권세에 대해 종교 지도자들이 따지게 되었다.

20:1~8(마 21:23~27; 막 11:27~33) 종교 지도자들은 예수님에게 그의 권세가 어디로부터 왔느냐고 물었다. 대제사장들은 성전 관리들이었고, 흔히 '서기관들'이라 불리는 율법 교사들은 바리새인들과 사두개인들로 구성되어 있었고, **장로들**은 성직자가 아닌 정치 지도자들이었을 것이다. 그들은 **무슨 권세**로 그가 이런 일을 하는지, 그에게 이 권세를 준 이가 누구인지, 이 두 가지를 그에게 물었다(20:2). 첫 번째 질문은 예수님이 사용하는 권세의 종류를 묻는 것이다. 그가 예언자인지, 제사장인지, 아니면 왕인지를 묻는 것이다. "이런 일을 하는지"라는 말은 의심할 여지없이 그가 성전을 청결하게 한 일을 가리킨다. 두 번째 질문은 누가 그를 후원하고 있는가 하는 질문이다. 즉, 예수님은 그가 자신의 생각대로 행동하고 있다고 생각하는가 아니면 어떤 그룹의 대리 역할을 하고 있다고 생각하는가 하는 것이다.

예수님은 한 가지 질문으로 대답하셨다. 그는 그들에게 요한의 세례 뒤에 있는 권세에 관해 질문하셨다. 종교 지도자들은 요한이 세례 주는 것을 못마땅하게 생각했다. 왜냐하면 요한은 그들을 창피하게 하였고 그들의 종교 조직에 있던 몇몇 충성심을 빼앗아 가 버렸기 때문이다(마 3:7~10). 백성들이 요한을 존경하고 있었으므로, 종교 지도자들은 그의 권위를 부정하는 것을 두려워하여 예수님의 질문에 대한 답변을 거부했다(20:7. 참조, 19:48). 그러자 예수님도 어떤 권세로 그가 성전을 청결하게 하셨는지 대답하기를 거부하셨다. 이것은 예수님 자신이 하신 일이 세례 요한이 세례를 준 그 권세와 똑같은 권세(하늘에 계신 하나님이 주시는)로 행해지고 있다는 것을 암시하고 있다.

20:9~19(마 21:33~46; 12:1~12) 그때 예수님은 그의 권세를 설명해

주는 비유 한 가지를 이야기하셨다. 포도나무에 관한 비유는 이스라엘 사람들에게 새로운 것이 아니었다. 이사야가 그 나라를 가리키는 데 그 상징을 사용하였고(사 5:1~7), 그 상징의 의미는 청중들에게 분명하였다. 포도원 주인이 자기의 포도원으로부터 소출을 얻으려고 세 명의 종을 보냈다(20:10~12). 그 포도원에 있던 농부들이 세 명의 종들을 차례로 때렸다. 마지막으로 그 주인은 자기 아들을 보냈는데, 그들은 유산을 차지하려고 그를 죽였다(13~15절). 그리고 나서 예수님은 그의 청중들에게 수사 의문법을 사용하여 물었다. 그런즉 포도원 주인이 이 사람들을 어떻게 하겠느냐? 그는 자기 자신의 질문에 대답했다. 그는 그 소작인들을 죽이고 포도원을 다른 소작인들에게 맡길 것이다(16절).

여기서 이방인들과 소외된 자들(죄인들)이 하나님 나라에 들어오는 반면, 많은 이스라엘 자손들은 들어감을 허락받지 못할 것이라는 예수님의 메시지가 절정에 이른다. 군중들은 이에 대해 강한 부정어 – 이 일이 결단코 일어나지 않기를!(메 게노이토[μή γένοιτο]: 로마서에서 바울이 여러 번 사용한 말) – 로 응답하였다. 그들은 예수님이 말하고 있는 내용(종교 지도자들이 예수님을 배척하고 있으므로 유대주의는 무너질 것이라는)이 무엇을 뜻하는지 이해하고 있었다. 누가는 예수님이 그들을 똑바로 보시며 별로 중요하지 않은 듯한 것(건축자가 버린 돌)이 참으로 제일 귀한 것(이 돌이 모퉁이의 머릿돌이 되었다)이라는 시편 118편 22절을 인용하는 것을 기록함으로써 그 상황의 심각성을 지적하였다.

예수님이 말씀하시고자 하는 뜻은, 이스라엘에서 가장 중요한 자신이 지금 배척당하고 있으나, 결국 최고의 존재가 되리라는 것이었다. 그는 또한 심판의 수단이 될 것이다(20:18). 예수님 말씀의 통렬함은 사람들의 마음속에 깊이 박혔다. 서기관들과 바리새인들은 예수님의 이 비유가 자기들을 가리켜 한 말인 줄 알았으므로 그를 죽이려 하였다. 그러나 그들은 백성들 때문에 어떤 행동을 취하기를 두려워하였다(19:47~48. 참조, 22:2).

20:20~26 백성들 때문에 종교 지도자들은 예수님을 어떻게 하기 두려워했으므로(19절), 결국에는 흠을 잡고자 하여 그를 엿보았다. 그들은 백성들이 좋아하지 않는 어떤 가르침을 **트집** 잡아 법적으로 그를 고발하여 처벌받게 하려고 했다. 몇몇 **정탐**들이 예수님에게 세금에 관한 질문을 하였다.

우리가 가이사에게 세를 바치는 것이 옳으니이까? 옳지 않으니이까? 그러나 이 질문은 단순히 돈에 관한 문제만은 아니었다. 그것은 정치와 종교와도 연관된 문제였다. 만일 예수님이 긍정이나 부정의 어느 한쪽으로 치우쳐 대답하신다면 그는 지지를 잃어버릴 것이다. 만일 그가 통치자인 가이사(Tiberius Caesar. AD 14~37년)에게 세금을 바치는 것이 옳다고 말한다면, 열심당원들(로마의 통치에 반발하고 유대인 자치를 주장하는 사람들)은 그의 대답에 감정이 상하게 될 것이다. 만일 그가 세금을 바치는 것이 옳지 않다고 말한다면(종교 지도자들은 그가 하나님의 나라에 관해 가르쳐 왔으므로 세금 문제에 대해 부정적일 것이라고 생각했을 것이다) 로마 사람들이 좋아하지 않을 것이고, 종교 지도자들은 그를 로마인들의 권세 아래로 넘겨 버릴 수 있을 것이다.

예수님은 데나리온(7:41; 10:35) 위에 새겨진 가이사의 초상과 글을 가리키면서 긍정적으로 대답하셨다. 가이사의 것은 가이사에게 바치라. 그러나 그는 또 기회를 놓치지 않고 사람은 하나님의 형상을 보유한 것들을 하나님께 바쳐야 한다(하나님의 것은 하나님께 바치라)고 가르치셨다.

이 놀라운 답변에 정탐들은 입을 다물고 말았다(20:26). 우스운 것은, 종교 지도자들이 이 사건을 그가 재판받을 때 예수님에게 불리하게 이용하였다는 것이다. 그들은 예수님이 가이사에게 세금 바치는 것을 반대했다고 고소함으로써 전적으로 예수님의 입장을 다르게 표현했다 (23:2).

20:27~40 사두개인들은 부활을 포함하여 모든 초자연적 사건의 발생을 부인하였다(27절. 참조, 행 23:8). 그러므로 부활에 대한 그들의 질문은 확실한 출처로부터 나온 것이 아니라 극단적으로 가상적인 경우를 제기함으로써 **예수님을 바보로** 만들려는 것이었다. 그들은 어떤 여자가 남편이 죽은 후에 차례로 그 **일곱** 형제와 결혼한 상황을 설정했다. 이렇게 설정된 사건의 배후에는 결혼하지 않은 남자가 죽은 그의 형제의 이름으로 후손을 잇기 위해 **자식이 없이** 죽은 형제의 미망인과 결혼하는 히브리적인 수혼(嫂婚) 풍습(신 25:5~10)을 보여 주고 있다. 그리고 나서 사두개인들이 물었다. 부활 때에 그 여자는 누구의 아내가 되겠습니까?

첫째로, 예수님은 부활 시에는 **결혼**이라는 것이 없을 것이라고 대답하셨다(20:34~36). 이것은 (1) **현세는 내세와** 뚜렷이 대조된다는 것과 (2) **사람들이 부활할 때 그들은 천사와 동등한 부활의 자녀**이며 하나님의 자녀가 된다는 것을 보여 준다. 예수님은 부활한 사람들이 천사가 된다고 말씀하시지는 않았다. 그의 요점은 그들이 천사들과 같이 죽지 않는 존재가 된다는 것이었다. 그러므로 더 이상의 출산이나 결혼 관계가 필요하지 않을 것이다.

둘째로, 예수님은 확실히 부활이 있을 것(37~38절)이라고 지적하셨다. 그는 여호와께서 모세에게 당신이 족장들의 하나님(출 3:6)이라고 말씀하셨던 사건을 예로 드셨다. 예수님은 사두개인들이 모세의 가르침에는 부활이 없다고 잘못 가르치고 있었으므로 모세를 인용하셨다. **여호와는 족장들의 하나님이시다**라는 말은, 사두개인들에게 비록 그 말씀이 마지막 족장이 죽은 뒤 수백 년 후에 이루어진 말씀이긴 하지만, 그 족장들이 아직 살아 있다고(**하나님은 살아 있는 자의 하나님이시다**) 느끼게 해 주었을 것이다. 하나님은 미래에 있을 부활을 위해 그들을 **보호**하고 계시는 것이다.

서기관들과 사두개인들은 서로 맞지 않는 신조 때문에 서로 불화하고 있었다. 서기관들은 예수님이 사두개인들의 교리를 반박하는 데 대해 박수갈채를 보냈다(20:39). 이 대화로 이제 어느 누구도 예수님께 더 이상 **질문하기를 두려워하게 되었다.**

20:41~44 그러자 예수님이 공세를 취하면서 주위 사람들에게 질문을 던지셨다. 그 질문은 메시아의 본성에 관한 질문(**어찌하여 그리스도를 다윗의 자손이라 하느냐**)이었다. 그리고 나서 예수님은 시편 110편 1절을 인용하셨는데, 거기서 **다윗**은 메시아를 **나의 주**라 불렀고, 그가 여호와의 권능의 **오른편**에 있어서 높임을 받았다고 말하였다. 예수님의 이 말씀 가운데서 두 가지가 분명하게 제시된다. 첫째, 다윗의 자손은 부활의 능력에 의해 다윗의 주(20:44)가 되신다(베드로도 사도행전 2장 34~35절에서 예수님의 우월성이 그의 부활에 근거한다는 것을 증명하기 위해 시편 110편으로부터 똑같은 구절을 인용하였다). 둘째, 다윗이 "주"로 부른 것으로 보아 그의 자손이 메시아이며, 신적 존재임을 깨달아 알고 있었음이 틀림없다.

20:45~47 예수님의 말씀은 그의 제자들만을 가르치기 위함이 아니고 둘러선 무리에게 교훈하기 위한 것이기도 했다(45절). 예수님은 서기관들이 가르치는 것과 그들이 행하는 것은 전혀 별개임을 지적하셨다. 그들의 생활은 탐욕과 자만에 빠져 있으며, 그들이 원하는 것이란 (1) 남에게 자랑하는 것(긴 옷), (2) 남에게 대접받는 것(시장에서 문안 받는 것), (3) 남보다 두드러지는 것(회당과 잔치의 상좌에 앉는 것), 그리고 (4) 많이 갖지 못한 자들(예, 과부들)로부터 더 많은 돈을 취하려는 것뿐이었다. 그들의 뽐내는 듯한 긴 기도는 이렇게 위선적인 것이었다. 예수님은 이런 율법 교사들이 더 엄히 심판받을 것이라고 하셨다. 많이 아는 자들은 더 많은 책임을 가지고 있다(약 3:1).

21:1~4 예수님은 율법 교사들과 과부들에 대한 그들의 태도에 대해 말씀하신 다음 자연스럽게 자기의 얼마 안 되지만 가지고 있는 전부(두 렙돈. 한 렙돈은 약 1/8센트. 참조, 12:50; 막 12:42)를 헌금궤에 넣고 있는 가난한 과부 한 사람을 가리켰다. 그 여자가 바친 분량은 다른 모든 사람들보다 더 큰 것이었다. 그러므로 예수님이 말씀하시려는 요점은 그 여자의 헌금은 비록 적으나, 가난한 중에 자기가 가지고 있는 생활비 전부를 넣었으므로 무엇보다도 많다는 것이었다.

c. 성전에서 행한 마지막 때에 관한 가르침
(21:5~36; 마 24:1~44; 막 13:1~31)

"감람 산 강화"(마 24~25장)와 평행을 이루는 이 부분에서, 예수님은 그를 따르는 자들에게 그가 재림하여 하나님의 나라를 세우기 직전에 어떤 일이 일어날 것인지를 가르치셨다. 하나님의 나라를 위해 준비하고 있도록 하는 것이 이 가르침의 목적이었다(21:34~36). 그러므로 이 구절에는 하나님 나라에 들어가는 기쁨에 대한 묘사는 없다. 그들은 앞으로 일어날 사건에 대비해서 의로운 삶을 살아가야 한다.

21:5~7 어떤 제자들이 성전 건물에 감탄하여 그 아름다운 솜씨에 대해 말하고 있었다. 날이 이르면 돌 하나도 돌 위에 남지 않으리라고 하신 예수님의 말씀은 제자들 마음속에 즉시 의문을 심어 주었다. 그들의 질문은 누가의 기록에 의하면 성전 멸망에 관한 것이었다(7절). 마태도 이 세대의 끝에 일어날 징조에 관한 다른 질문을 기록하고 있다(마 24:3). 제자들은 성전 건물이 무너지기 전에 어떤 일들이 일어날 것인지 알기 원했다.

21:8~19 예수님은 그의 제자들에게 성전 멸망 전에 나타날 세 가지 일(AD 70년에 로마 군대의 티투스 장군에 의해 일어날 일이고 그중에는 뒤에 일어날 일도 있다)을 말씀하셨다.

첫째, 예수님은 많은 사람이 스스로 메시아임을 주장할 것이라고 했다(8절). 그는 제자들이 미혹되지 않도록 경고의 말을 하였다.

둘째, 예수님은 전쟁이 많이 일어날 것이라고 했다(9~10절). 이런 일들이 일어나도 제자들은 두려워 말 것이니 아직 끝은 아니기 때문이다.

셋째, 그는 큰 지진이 일어나 곳곳에서 기근(로이모이[λοιμοί])과 전염병(리모이[λιμοί]. 11절)이 생길 것이라고 덧붙이셨다. 그러나 이러한 사건들은 예수님 당대와 예루살렘의 함락 사이에는 일어나지 않았다.

무서운 일과 하늘로부터 큰 징조들이 있으리라는 말은 주께서 이 세상에 재림하시기 전에 있을 '대환란'을 가리킨다.

넷째, 그는 믿는 자들을 박해하는 일이 흔하며 그 정도가 심할 것이라고 가르쳐 주셨다. 제자들은 권세 잡은 자들로부터 박해를 당하였다(참조, 행 2~4장). 누가복음 21장 9~11절에 나오는 예수님의 예언 때문에, 12~17절에 나와 있는 예수님의 말씀은 예루살렘의 멸망 전에 제자들이 직면하게 될 상황 뿐 아니라 '대환란' 때에(25~36절) 믿는 자들이 직면하게 될 일들도 지칭하고 있는 듯하다. 두 번 다 같은 종류의 박해 − 투옥(21:12~15), 배반(16절), 증오(17절) − 가 있을 것이다. 처음 제자들이 경험한 박해는 미래의 제자들이 당하게 될 최후의 박해의 전조였다.

예수님의 그 다음 말씀(너희 머리털 하나도 상하지 않을 것이며, 너희의 인내로 너희 영혼을 얻을 것이다[18~19절])은 해석에 많은 혼란이 있다. 어떤 학자들은 이 구절을 신자의 삶 가운데 있는 영적 실재를 말하는 것으로 해석한다. 신자는 비록 죽으나, 궁극적으로는 하나님에 의해 영원히 보호받을 것이다. 그러나 여기서 예수님이 말씀하시는 구원은 살아서 하나님 나라에 들어가는 것으로 나타나고 있다(참조, 마 24:9~13). "너희의 인내로 너희 영혼을 얻으라"는 말은 박해 때(마 24:10)에 믿음에서 멀어지는 자들과 반대로 신자들은 그들이 믿음 공동체의 일원이라는 것을 보여야 한다는 의미이다. 구원받는 자들은 하나님의 주권에 의하여 보호된 자들이다(참조, 마 24:22).

21:20~24 예수님은 다시 언제 성전이 멸망할 것인가에 대한 제자들의 원래 질문으로 돌아간다. 20~24절 사이에서 그는 이방 민족의 통치 중, **군대들에게 에워싸일 때** 예루살렘의 멸망은 일어날 것이라고 말씀하셨다. 이방인의 통치는 이방인의 때가 차기까지 계속될 것이다(24절). 이방인들이 예루살렘을 통치한 것은 바벨론 사람들이 그 도시를 정복하

고 그 백성을 잡아간 BC 586년의 바벨론 유수 때부터 시작되었다. 예루
살렘은 메시아가 예루살렘을 회복하러 오시기 직전의 환란 때에도(슥
14:1~2) 이방인의 통치 아래에 있게 될 것이다. 예수님이 뒤에서 말씀하
신(21:25~28) 회복이 바로 그것이다.

21:25~28 여기서 예수님은 첫째로, 인자가 오기 전에 전 우주적 징조
가 있을 것이며, 그 때문에 사람들이 두려워하게 될 것이라고 하셨다. 세
상이 온통 혼돈 상태가 될 것이며 불가항력의 상태로 되는 전조로 해와
달과 별들이 흔들리고, 바다는 사납게 날뛸 것이다.

　둘째로, 인자가 임하는 것에 대해 말씀하셨다. 그는 다니엘이 "인자
같은 이"가 구름을 타고 영광 중에 임하여 옛적부터 계신 이(즉 성부 하나
님)로부터 그 나라를 받는 것을 보았다고 한 다니엘서 7장 13~14절의 '인
자'라는 용어를 끌어내었다. 그가 말하려는 것은 인자가 그 나라(그의 사
역 초기부터 계속 선포하여 온 나라와 똑같은 나라)를 물려받게 되리라
는 것이었다. 이런 일들이 일어나기 시작하면, 그를 따르는 자들은 그들
의 구원(예, 다시 오시는 왕이 데리고 가는 왕국에서의 안전함)이 가까웠
으므로, 기쁨의 표시로 그들의 머리를 들 것이다.

21:29~33 무화과나무의 비유에서 예수님은 사람이 징조를 봄으로써
무슨 일이 일어나고 있는지 알 수 있다는 것을 가르치셨다. 무화과나무
잎이 4월에 싹이 나는 것을 보면, 사람들은 여름이 가까운 줄을 안다. 이
와 마찬가지로 '대환란'이 오면 사람들은 하나님의 나라가 가까이 온 줄을
알게 될 것이다.

　이 세대가 지나가기 전에 모든 일이 다 이루어지리라는 구절은 논란의

여지가 많다. 어떤 학자들은 예수님이 제자들에게 그들의 세대가 성전의 멸망을 보게 될 것이라고 말씀하셨다고 생각한다. 이 해석은 주로 성전 멸망과 관계있는 대화가 기록된 5~7절을 근거로 하고 있다. 그러나 하나님 나라의 도래에 관해서 말하고 있는 31절과 마태복음 24장 34절을 볼 때, 그의 말씀은 그의 재림 전에 있을 전 우주적 사건이 일어나는 때에 살고 있는 세대를 가리킨다고 보는 것이 더 나을 것 같다. 그 세대는 실제로 하나님 나라의 건설(유대인들의 모든 세대가 그 나라의 역사를 통해 그렇게도 소원했던 것)을 보게 될 것이다.

21:34~36 예수님은 그의 제자들에게 항상 준비되어 있어야 한다고 경고하셨다. 비록 신자가 그 나라의 징조를 보고 도래를 기다릴 수 있다 하더라도 세상살이에 너무 마음을 빼앗겨 그 나라가 – 뜻하지 않은 때(34절), 온 땅 위에(35절) – 임할 때 준비되어 있지 못하여 그 나라에 들어가지 못할 가능성도 있는 것이다. 이런 잘못된 태도에 대하여 예수님은 조심하고(34절), 항상 깨어 있으라(36절)고 말씀하셨다.

d. 군중의 반응(21:37~38)

21:37~38 모인 무리는 예수님의 가르침에 무척 놀랐다. 예수님은 밤이 되면 **감람 산**에서 지내고, 매일 아침 가르치기 위해 예루살렘에 있는 성전으로 돌아오셨다. 사람들은 그의 가르침에 열중하여 **아침 일찍** 그의 말을 들으려고 성전에 모여들었다. 분명히 그들은 전에 그들이 이해하지 못했던 방법으로 하나님의 나라가 도래하리라는 데 대한 그의 가르침을 이해하고 있었다.

Ⅶ. 예수님의 죽음과 장사 그리고 부활(22~24장)

A. 예수님의 죽음과 장사(22~23장)

이 부분에서 누가는 온 나라와 세계를 대표하는 종교 지도자들에 의해 메시아가 배척받는 부분을 밝히 드러내고 있다. 누가는 다른 복음서 기자들이 언급하지 않았던 여러 방법으로 예수님의 죄 없음을 강조하였다. (1) 누가는 빌라도가 세 번이나 예수님의 무죄를 선언했다(23:4, 14, 22)고 기록하고 있다. (2) 누가는 빌라도의 말에 헤롯의 증언을 첨부하고 있다(23:15). (3) 누가는 예수님을 바라바와 대비시켰는데, 바라바는 폭동죄와 살인죄로 투옥되어 있던 자였다(23:25). (4) 자신에게 부여된 형벌이 정당하다고 고백하며 자신의 죄를 인정한 강도에 의해 예수님의 무죄가 드러났다(23:39~43). (5) 백부장도 예수님이 의인이었다고 고백했다(23:47). (6) 구경하던 사람들도 자기들의 가슴을 쳤는데, 이것은 그들이 예수님이 아무 죄도 없다는 것을 알았다는 사실을 나타낸다(23:48).

1. 유다가 예수님을 배반하기로 동의함(22:1~6; 마 26:1~5, 14~16; 막 14:1~2, 10~11; 요 11:45~53)

22:1~6 누가는 그리스도의 죽음이 유월절(하나님이 이스라엘 사람들을 살리시고 대신 애굽 사람을 벌하실 때[출 12:1~28], 어린양들이 살육된 때를 기념하는 명절) 축제 동안에 일어났다고 기록하고 있다. 무교절

과 유월절의 관계에 대하여는 누가복음 22장 7절과 요한복음 19장 14절의 주해를 보라. 종교 지도자들은 백성들을 두려워하였으나(19:47~48. 참조, 20:19), 여전히 예수님을 제거하려고 했다. 배반은 먼저 유다가 했다. 사탄이 유다에게 들어갔고(참조, 요 13:27), 그는 돈 때문에 예수님을 배반하려고 했다. 사탄이 예수님의 죽음에 관여한 것은 실제로 스스로의 파멸 행위였다. 왜냐하면 예수님의 죽으심으로 인해 사탄과 죽음은 정복되었기 때문이다(골 2:15; 히 2:14).

2. 예수님이 죽음을 준비하심(22:7~46)

누가는 예수님의 죽음 준비가 다음 두 가지 사건에서 이루어졌다고 기록하고 있다. 유월절 만찬에서 그의 사랑하는 제자들에게 행하신 마지막 사역(7~38절)과 동산에서 홀로 기도하신 일이다.

a. 유월절 식탁에서의 예수님
(22:7~38; 마 26:17~35; 막 14:12~31; 요 13:1~38)

공관복음에서는 예수님이 그의 제자들과 함께한 식사를 유월절 식사로 말하고 있다. 그러나 요한복음에서는 백성들의 유월절 식사를 위해 어린양들이 살육되던 바로 그 순간에 예수님은 십자가 위에서 죽으셨다고 말하고 있다(요 19:14). 그러나 이것은 무교절이 유월절 하루 뒤에 오는 7일간 계속되는 축제였다는 것, 그러나 가끔 전체 8일이 '유월절'로 불리기도 했으며(2:41; 22:1; 행 12:3~4), 또는 그 일주일을 '유월절 기간'이라 칭하기도 했다(요 19:14)는 사실에 의해 설명될 수 있다. 다른 해석은

1세기 때의 유대인들은 유월절을 지키는 데 두 가지 역법(曆法)을 따랐다는 것이다. 이 견해에 따르면 예수님과 그의 제자들은 (두 가지 역법 중에서) 어느 한 날을 지켰으며, 그가 십자가에 못 박히기 전에 유월절 식사를 하셨는데 반해, 바리새인들을 포함한 대부분의 사람들은 예수님이 죽으신 바로 그날 유월절 어린양이 살육되는 다른 역법을 따랐다는 것이다.

(1) 제자들의 유월절 식사 준비(22:7~13)

22:7~13 죽음의 마지막 준비 기간 중에도 예수님은 기적을 행하고 계셨다. 이때 예수님은 베드로와 요한에게, 그들이 유월절 준비를 위하여 나가면 무엇을 발견하게 될 것인지 정확하게 말씀하셨다. 여자들은 늘 우물에서 물을 길어 자기들 집으로 날랐으므로, 물동이를 가지고 가는 사람을 발견하는 것은 쉬운 일이었을 것이다. 그 두 제자는 그 집 주인에게 선생님이 그의 제자들과 함께 유월절 식사를 할 객실을 사용하기 원하신다고 말하기로 되어 있었다. 그 집 주인이 제자들에게 자기 집에서 식사 준비를 하라고 허락한 것으로 보아, 예수님을 믿었던 사람임에 틀림없다.

(2) 식사 중에 행하신 예수님의 가르침(22:14~38)

22:14~20 예수님은 사도들에게 그의 죽음은 새 언약의 시작을 의미하는 것이라고 가르치셨다. 떡과 포도주의 상징적 의미는 새 언약을 세우는 데 예수님의 살과 피가 필요하다는 것을 보여 주는 것이다.

하나님 나라에 대한 예수님의 마지막 가르침은 이 마지막 식사 때에 행해졌다. 누가복음을 통틀어서 잔치는 상징적 의미를 가지고 있다. 예수님과 이제 사도라 불리는 그의 제자들은(참조, 6:13; 9:10; 17:5; 24:10) 식탁에 비스듬히 기대었다.

예수님은 하나님 나라에 대한 그의 메시지를 믿은 그들의 친교를 기뻐하셨다. 그들은 예수님이 참으로 메시아이신 것을 알고 그를 따랐던 자들이었다. 그들은 그를 따르기 위해 모든 것을 버린 사람들이었다. 그들은 지금까지 제자의 신분을 가진 사람들 중에서 가장 극단적인 형태의 사람들이라 일컬어져 왔다. 유월절이 의미하는 바가 **하나님의 나라에서 이루기까지** 예수님은 지금 이 만찬이 그들과 함께 먹는 마지막 **유월절**이라고 선언하셨다(22:16. 참조, 18절). 유월절을 포함하여 구약의 많은 사건들은 예수님의 사역과 그가 시작하기로 되어 있는 하나님의 나라를 겨냥하고 있다. 그 나라가 임할 때, 유월절은 이루어질 것이고 하나님이 당신의 백성들을 그들의 안식처로 안전하게 데리고 가실 것이다.

떡과 포도주는 유월절 식사 때뿐만 아니라 그 문화 속에서는 매끼마다 먹는 것이었다. 이 모든 구성들은 모든 백성을 위한 희생물인 예수님의 '살'과 '피'를 상징했다. 그는 이스라엘과 온 세상의 죄를 씻는 희생양이었다(요 1:29). 왕국 시대의 도래에 전제 조건이 되는 '새 언약'(구약에서 여러 번 언급되었으나, 예레미야 31장 31~34절에 가장 잘 나타나 있다)은 예수님의 희생에 의해 세워졌다(22:20). '새 언약'은 이스라엘 백성에게 새 생명을 가져다주었고, 각 사람들에게 성령을 부어 주었다. 교회 시대의 신자들도 새 생명과 성령 내주의 영적 복에 참여하였다(고전 11:25~26; 고후 3:6; 히 8:6~7).

22:21~23 예수님은 이제 배반자가 유월절 식사를 하고 있는 제자들 중 하나라고 밝히셨다. 예수님의 죽음에 대한 유다의 책임성과 하나님의 주권적 계획이 동시에 나와 있다(22절). 예수님은 그의 죽음이 모든 사람을 구원하는 근거이며, 죄의 저주로부터 해방시키는 유일한 방법이었으

므로 죽으셔야 했다. 그러나 배반하는 자는 자기의 행위에 책임을 져야 한다. 분명히 그 제자들은 **누가 그런 일을 할지 모르고** 있었던 것으로 보아(23절) 유다를 완전히 믿고 있었다.

22:24~30 그들 중에 누가 제일 크냐에 관한 제자들의 논쟁은 예수님이 지금 막 그들 중 한 사람이 그를 배반할 것이라는 말씀을 하신 것에 비추어 볼 때 어이없는 일이었다. 예수님은 그때 그들에게 그런 생각은 **이방인들**의 생각이라고 말씀하셨다. 메시아를 따르는 자들은 그런 일을 생각해서는 안 된다. 예수님을 따르는 자들은 가장 크게 되기를 원하지 말고 **섬기는 자**가 되기를 원해야 한다. 왜냐하면 예수님도 그들 가운데 섬기는 자(디아코논[διακονῶν]: 낮은 자리에서 봉사하다. 27절)로 계셨기 때문이다. 제자들도 예수님처럼 되기를 원해야 했다. 궁극적으로 그들이 예수님의 고난에 **참여함**으로써 그 나라에서 높은 위치에 오르게 될 것이다. 그들은 그와 함께 **보좌에 앉아** 이스라엘의 열두 지파를 심판할 것이다(참조, 마 19:28).

22:31~34 예수님은 베드로가 그날 밤 **닭 울기 전**에 그를 세 번 부인할 것이라고 말씀하셨다. 그러나 그는 베드로에게 사탄이 밀 **까부르듯이**(즉, 그들에게 어려운 기간을 주어) 제자들을(여기서 "너희"는 헬라어로 복수 명사) 까부르려 하였으나 베드로는 믿음을 잃지 않으리라고 하셨다. 그는 회복할(돌이킬) 것이고, 제자들의 지도자가(다시 말하면 **형제들 모임**의 지도자, 동등한 자들 중의 일인자) 될 것이라고 했다. 베드로는 자신이 강하다고 생각하고 예수님을 위해 **감옥에도, 죽는 데에도** 가겠다고 말하면서 예수님의 말을 부인했다.

22:35~38 예수님은 그의 제자들에게 그들이 그와 함께 있을 때, 또한 그를 위한 사역을 위해 어디론가 가게 될 때 아무것도 부족한 것이 없을 것이라 하셨다(참조, 9:3). 그러나 이제 그는 그들을 떠나야만 하고, 그들은 자신들의 사역을 위해 **전대와 배낭과 각자의 호신을 위한 칼을 포함하여 준비를 해야만** 했다. 예수님은 곧 죽으실 것이고, 이사야 53장 12절을 인용하자면 **범죄자 중 하나로 헤아림을 받게 될 것**이다.

제자들이 검을 두 개 가지고 있다고 대답했을 때, 예수님은 **그것으로 충분**하다고 하셨다. 이 대답은 최소한 네 가지 방법으로 해석되어 왔다. (1) 어떤 학자들은 이 말을 제자들을 책망하는 말로 이해하였다. 만일 그것이 사실이라면 예수님은 "이런 말을 더 이상 할 필요가 없다"고 말하고 있는 것이다(Leon Morris, *The Gospel according to St. Luke: An Introduction and Commentary*, p. 310). (2) 다른 학자들은 그 말씀을, 비록 두 자루의 검을 가지고 있다 해도 그리스도의 죽음에 대한 하나님의 계획을 멈추게 하는 데 대한 인간의 무력함을 보여 주기에 충분하다는 사실을 가리킨다고 이해하고 있다. 칼은 하나님의 목적과 계획을 멈추게 할 수 없다. (3) 예수님은 단순히, 열두 명에게 두 자루의 칼이면 적당하다고 말하고 계셨는지도 모른다. (4) 또 다른 학자들은 그 구절을 이사야서의 인용문과 연결해서 생각하고, 예수님이 의미하는 것은 그들이 두 자루의 검을 가지고 있음으로써 다른 사람들이 그들을 불법자 또는 범죄자로 여길 것이라는 뜻으로 그 말을 했다고 이해하고 있다. 네 번째 견해가 제일 좋을 듯싶다.

b. 감람 산에서의 예수님
(22:39~46; 마 26:36~46; 막 14:32~42)

겟세마네에서 예수님이 기도하셨다는 기사는 공관복음에는 나와 있으나 요한복음에는 없다. 그렇지만 요한은 예수님이 '제자들과 가끔 모이는 곳'이고 유다도 '그 장소'를 알므로 '감람산'으로 가셨다고 기록하고 있다(요 18:1~2). 그의 마지막 시간에 예수님이 동산에서 시험을 받으셨다는 사실(22:46)은 아주 깊은 의미가 있는 것 같다. 인간은 동산에서 유혹을 받아 범죄하였다(창 3장). 그런데 인간을 죄로부터 구원하는 사건은 동산에서 더 심한 유혹에도 불구하고 일어나고 있다. '마지막 아담'(고전 15:45)인 예수님은 유혹에 빠지지 않고 처음 아담이 하지 못했던 하나님의 뜻에 순종하셨다.

22:39~44 누가는 그 장소가 '감람 산'이라고 말하고 있다. 마태와 마가는 그곳을 겟세마네라 칭하고 있는데 이는 '감람유를 짜는 기계'를 의미한다. '동산'은 감람산에 심어진 감람나무 숲이다(요 18:1, 3).

예수님은 이 시험이 지나가기를 열심히 기도했으나 자신을 그의 아버지께 맡기셨다. 제자들은 잠들었으므로, 예수님은 혼자 기도하면서 아버지의 계획(온 세상의 죄를 지고 그 아들이 죽어야만 한다는 계획)을 저버리려는 유혹과 싸우셨다. 그의 기도는 그가 자기 자신의 일이 아니라 하나님 아버지의 일에 관심을 두셨다는 것을 보여 준다(22:42). 누가만 한 천사가 동산에서 예수님을 도왔다고 기록하고 있다(43절). 흘리는 땀이 땅에 떨어지는 핏방울같이 될 만큼 예수님은 깊이 고민하셨다. 누가는 하나님이 네 얼굴에 땀이 흘러야 식물을 먹으리라고 아담에게 하신 말씀을 암시해 주고 있다(창 3:19).

22:45~46 예수님은 그의 제자들이 슬픔에 지쳐 잠든 것을 보셨다. 제자들은 그가 죽을 것이라는 예수님의 가르침 때문에 몹시 근심하고 있었다. 그들은 그들에게 다가오는 육체적인 위험뿐 아니라 동산에서 유혹이 그들에게 엄습했을 때 영적 위험에도 직면했을 것이다. 두 번이나 예수님은 (그들에게) 시험에 들지 않도록 기도하라고 말씀하셨다(40, 46절).

3. 예수님을 배반함
(22:47~53; 마 26:47~56; 막 14:43~50; 요 18:3~11)

22:47~53 누가는 예수님을 배반하고 체포하는 데 있어 알아야 할 세 가지 요소를 기록하고 있다.

첫째, 예수님은 유다가 그를 배반할 것을 알고 계셨다(47~48절). 종교 지도자들(52절)과 군인들(요 18:12)을 포함한 큰 무리가 유다를 앞세우고 동산으로 오고 있었다. 유다는 자기와 함께 간 자들에게 신호를(그가 입 맞추는 자를 그들이 체포하도록) 보내기로 그들과 약속했다. 예수님은, 그의 말로 미루어 보건대, 유다의 비밀한 신호까지도 포함하여 배반에 관한 모든 일을 벌써 알고 계셨다.

둘째로, 예수님은 종교 지도자들의 위선을 지적하셨다(52~53절). 예수님은 그들에게 왜 대낮에 성전에서 그가 가르치고 있을 때 그를 잡지 않았느냐고 물으셨다. 이유는 분명했다. 그들은 백성들이 무서워서 예수님을 비밀리에 잡으려 했던 것이다(19:48; 20:19; 22:2). 그래서 예수님은 그들에게 이렇게 말할 수 있었다. 이제는 너희 때요, 어둠의 권세로다(53절).

그들은 어둠을 이용하러 왔을 뿐 아니라 또한 그들 자신이 어둠의 권세로서 메시아를 죽이려 하고 있었다.

동산에서 이루어진 이 사건은 새벽 두시 반쯤에 끝났음이 틀림없다. 왜냐하면 예수님이 당하신 여섯 번의 심문은 아침에 완전히 끝났고 아홉 시에는 십자가 위에 계셨기 때문이다. 동산에서 잡힌 것은 그때가 밤이었고 매수된 고발자들에 의해 이루어졌으므로 불법이었다.

4. 예수님을 심문함(22:54~23:25)

예수님은 모두 여섯 번의 심문을 받으셨다. 세 번은 유대 관헌들 앞에서, 세 번은 로마 관리들 앞에서였다(마태복음 26장 57~58절에 있는 이 심문의 목록을 보라). 그런데 누가는 유대인들의 심문 세 번 중 두 번만 기록하고 있다.

a. 대제사장 집에서(22:54~65; 마 26:57~75; 막 14:53~54, 65~72; 요 18:12~18, 25~27)

22:54 예수님은 대제사장 가야바의 집으로 끌려갔다(참조, 마 26:57; 요 18:13. 눅 3:2의 주해, 사도행전 4장 5~6절의 주해에 나온 안나스 가계 도표를 보라). 그러나 예수님은 먼저 가야바의 장인인 영향력 있는 안나스의 집으로 끌려갔다(요 18:13). 베드로는 이때까지는 비록 죽는 일이 있더라도 주를 따르겠다는 그의 약속을 지키고 있었다(22:33).

22:55~62 불과 몇 시간 안에 베드로는 예수님이 예언하신 대로 세 번

이나 그를 부인했다(34절). 베드로의 부인은 점점 격해졌다(57~58, 60 절). 닭이 운 후에 예수님은 돌아서서 베드로를 똑바로 바라보셨다. 사건이 차례로 발생하고 예수님이 돌아보자, 베드로는 전날 저녁 예수님이 그에게 하신 말씀이 생각났다. 베드로는 무슨 일이 일어났는지 깨달았다. 그가 심히 통곡했다는 것은 그가 예수님을 부인했던 사실을 마음 아파했다는 것이다.

22:63~65 대제사장의 집에 있는 동안, 예수님은 그를 지키고 있던 사람들로부터 행패를 당했다. 그들은 그를 조롱하고 때렸다. 예수님의 눈을 가리고, 그를 때리는 자가 누구인지 알아맞혀 보라고 놀렸다. 분명히 그들은 그가 한 말을 알고 있었으나 진정한 예언이 무엇인지 모르고 있었다.

b. 공회 앞에 서신 예수님
(22:66~71; 마 26:59~66; 막 14:55~64; 요 18:19~24)

22:66~67상 공회(산헤드린으로도 알려져 있는)는 유대 민족들의 공식적인 사법기관이었다. 이 공회는 최종 상고기관이었다. 만일 공회에서 예수님을 유죄로 판결하면 번복할 수 없는 것으로 국가가 그를 유죄로 판결한 것이 된다. 그들은 밤에 모이는 것이 불법이었으므로 날이 샐 때 만났다. 공회는 예수님이 그리스도인지, 즉 그가 진정 자신을 메시아로 나타내었는지의 여부를 알고자 했다. 이때까지 그들은 다른 문제에는 관심이 없었다. 공회는 예수님이 자신을 메시아로 나타냈다는 것을 알았으므로, 그에게 그 말을 취소할 수 있는 기회를 주었을 것이다. 혹시 그를 따르는 자들 앞에서 그에게 창피를 주려고 했는지도 모른다.

22:67하~70 예수님은 그의 죽음과 부활, 그리고 승천 후에 하나님의 권능의 우편에 앉으실 메시아로서의 권위를 확증하셨다(시 110:1; 행 2:33; 5:31; 엡 1:20; 골 3:1; 히 1:3; 8:1; 10:12; 12:2; 벧전 3:22). 또한 그는 공회에 자신이 하나님의 아들이라고 분명히 말씀하셨다.

22:71 공회는 그들이 필요로 하는 모든 증거를 다 얻었다고 생각했다. 그들이 볼 때 예수님은 신성모독죄였다. 그래서 그들은 그를 로마 당국에 넘길 준비를 하였다. 공회는 유죄 판결을 내릴 수는 있었으나 그 당시 유대인들은 사형시킬 권한은 없었다. 로마만이 사형 언도를 내릴 수 있었다. 예수님이 많은 메시아적 이적을 행하셨으나, 그 나라의 종교 지도자들은 믿기를 거부했다. 그들은 그리스도를 거부하는 데 국가를 대신하여 그 일을 하였다.

c. 빌라도 앞에서
(23:1~7; 마 27:1~2; 11~14; 막 15:1~5; 요 18:28~38)

23:1~7 공회는 예수님을 로마 당국에 넘기기로 의견을 모았다. 유대 총독 빌라도(3:1. 참조, 13:1) 앞에 도착하자 유대 당국자들은 그를 사실과 다르게 고소하였다. 그들은 그가 가이사에게 세금 바치는 것을 반대했다고 말했으나, 사실은 그 말과는 반대였다(20:25). 그리고 신성모독죄(그가 자신을 그리스도요, 왕이라 주장하는)는 그들에게 마치 예수님이 폭동 선동자인 것처럼 들리는 말이었다(23:2). 빌라도는 분명히 그가 아무 죄도 없다고 선포하였다(4절). 그러나 유대인 지도자들이 계속 예수님은 죄가 있다고 주장하자, 빌라도는 그를 '갈릴리 분봉왕' 헤롯(3:1)에게 보내었

는데, 헤롯은 그때 마침 예루살렘에 있었다.

d. 헤롯 앞에서(23:8~12)

23:8~12 예수님은 빌라도에게 자신이 누구인지 말씀하셨으나(3절), 어떤 이적을 행하는 것이나 보려 하는 헤롯에게는 계속 대답을 거부하셨다. 헤롯은 예수님에 대한 그의 진짜 감정을 그를 희롱하는 데 참여하고 장난으로 왕의 옷을 입히는 것을 통해 보여 주었다. 그러고 나서 헤롯은 이 사건에 대한 아무 판결도 없이 예수님을 빌라도에게 돌려보냈다.

e. 판결을 받기 위해 빌라도 앞에 서심(23:13~25; 마 27:15~26; 막 15:6~15; 요 18:39~19:16)

23:13~17 빌라도는 백성들에게 자기가 할 수 있는 일은 때리는 것 외에 아무 것도 없고, 그에 대한 고소가 근거가 없음을 알았으므로 그를 놓아주겠다고 했다. 예수님은 죽임을 당할 만한 일은 전혀 하지 않았다(17절은 많은 사본에 없는데 NIV 성경에도 없다).

23:18~25 로마 당국에 의하여 예수님이 사형을 당할 만한 일을 전혀 하지 않으셨음이 증명되었는데도 불구하고, 유대인들은 잘 알려진 폭동 선동자인 바라바가 예수님 대신 풀려나야 한다고 소리쳤다. 놀랍게도 그들은 메시아보다는 폭동 선동자요, 살인자를 살려 줄 것을 원했다. 그들은 자기들의 죄를 용서해 줄 수 있는 사람보다 악명 높은 죄인과 함께 있기를 원했다. 빌라도는 그의 무죄를 세 번이나 확인하면서 그를 놓아주기

를 원했으나, 마침내 백성들의 요구에 굴복하여 예수님을 넘겨주어 그들의
뜻대로 하게 했다.

5. 예수님의 십자가 처형
(23:26~49; 마 27:32~56; 막 15:21~41; 요 19:17~30)

십자가 처형은 로마 제국에서 사형 언도를 집행하는 데 흔히 사용하
는 방법이었다. 로마인들은 그것이 사형 중에서도 가장 잔인하고 고통스
러운 방법임을 알고 있었다. 십자가 처형은 흉악범을 위한 것이었고, 로
마 시민은 법률로 십자가 처형을 당하지 않도록 되어 있었다. 십자가 처형
은 대개 오래 걸리는데 예수님은 그가 자진하여 '마지막 숨'을 거두었으므
로(46절), 상당히 짧은 시간 안에 끝났다.

23:26~31 북아프리카 구레네라는 곳에서 온 시몬이라는 사람이 십자
가 처형 장소로 가는 예수님의 십자가를 억지로 잠깐 지게 되었다. 도중
에 예수님은 사람들에게 그들에게 닥쳐올 박해에 대해 경고하셨다. 예수
님이 십자가를 지고 계셨으므로, 하나님의 나라는 지체되고, 환란이 그
나라에 임할 것이다(호 10:8; 계 6:15~17). 예수님의 메시지는 그가 육체
를 입고 나타났을 때도 배척되었다. 하물며 앞으로 그의 메시지는 얼마
나 더 배척받겠는가(23:31)!

23:32~43 누가는 마태나 요한처럼 예수님의 죽음이라는 사건이 어떻
게 구약성경을 이루어지게 하였는가에 대해 말하고 있지 않다. 대신 그의
의도는 예수님이 죽는 순간까지도 용서하시는 메시아였다는 사실을 보여

주고 있다. 예수님은 아버지께 그를 죽이는 자들을 용서해 달라고 부탁했고(34절), 또한 그와 함께 사형당하는 자 가운데 한 사람을 용서하셨다(43절). 죽는 순간에도 예수님은 사람들이 하나님과 올바른 관계를 맺게 해 줄 능력이 있으셨다. 그러나 관원들은 비웃었고(35절), 군인들은 희롱했으며(36~37절), 그와 함께 십자가에 못 박힌 행악자 중 하나는 그를 모욕했다(39절).

23:44~49 누가는 예수님이 죽으실 때 일어났던 일 네 가지를 언급하고 있다.

첫째, 예수님이 십자가 위에 달려 있는 동안, 두 가지 상징적인 사건이 발생했다. 제육 시(정오)부터 구 시(오후 3시)까지 세 시간 동안 어둠이 온 땅을 덮었다. 예수님은 이미 앞에서 그를 잡으려는 자들에게 "이제는 너희 때요 어둠의 권세로다"라고 말씀하셨다(22:53). 그의 십자가 처형 때문에 어둠이 깔려 있었다. 다른 상징적인 사건은 지성소와 성전의 다른 부분을 분리시켰던 성소의 휘장이 한가운데로 찢어진 일이다. 그 휘장은 하나님이 임하셔서 당신을 드러내시는 곳과 사람을 분리시켰다. 그것이 위에서부터 아래로 찢어진 것(마 27:51)은 이제 예수님의 죽음으로 사람들은 더 이상 희생 제도를 통하지 않고도 하나님께 더 자유롭게 가까이 나아갈 수 있게 되었다는 사실을 상징하는 것이었다(롬 5:2; 엡 2:18; 3:12). 예수님은 사람으로 하여금 하나님과 올바른 관계를 맺게 해 주는 데 필요한 유일한 희생물이셨다.

둘째, 누가는 예수님의 죽음이 그가 그것을 원하였으므로 일어났다고 말하고 있다. 마지막 숨을 거두시면서(23:46), 그는 자진하여 자기의 생명을 포기하였다(요 10:15, 17~18).

셋째, 로마의 **백부장**까지도 예수님이 참으로 의인이었다고, 즉 죄가 없었다고(23:47) 말했다. 그도 누가복음에 나오는 많은 사람들이 그랬던 것처럼 하나님을 찬양했다.

넷째, 예수님의 죽음을 바라보던 **사람들**이 애통해하였다(48~49절).

6. 무덤에 묻히신 예수님
(23:50~56; 마 27:56~61; 막 15:42~47; 요 19:38~42)

23:50~56 사복음서 기자들은 예수님이 정말로 죽으셨다는 사실을 증명하기 위해, 예수님이 무덤에 묻히신 것에 관해 자세히 기록하고 있다. 만일 예수님이 정말 죽으시지 않았다면 그를 장사 지내기 위한 모든 준비는 아무 소용도 없었을 것이다. 메시아의 죽음은 필요했고, 그렇지 않았다면 부활도 있을 수 없었을 것이다.

흥미 있는 일은 **공회**가 예수님의 죽음을 요구했는 데 반해 그 의원 중 요셉은 그것을 찬성하지 않았다. 하나님의 나라를 기다리면서, 그는 예수님이 메시아임을 믿고 있었다. 그는 예수님의 숨은 제자였다(마 27:57; 요 19:38). 예수님을 사랑하는 마음에서 그는 자기 소유의 무덤에 예수님을 장사 지냈다(마 27:60).

예수님께서는 안식일 전 예비일(대부분 금요일로 추정)에 세상을 떠나셨다.

B. 예수님의 부활과 나타나심(24장)

누가복음의 마지막 장에서는 부활하신 메시아를 직접 만났던 많은 사람들의 체험을 기록하고 있다. 각각의 경우에 사람들은 예수님의 죽음으로 상심하여 있었다. 그러나 그를 만난 후에는 기쁨이 넘쳤고 하나님을 찬양했다(마태복음 28장 1~4절에 있는 예수님 부활 후의 사건 목록을 보라).

1. 여인들과 사도들
(24:1~12; 마 28:1~10; 막 16:1~8; 요 20:1~10)

24:1~9 예수님의 부활을 처음 안 사람들은 그를 따르는 데 충실했던 여자들이었다. 그들은 그에게 헌신적이었으므로 맨 먼저 부활 사건을 목격할 수 있었다. 그가 죽은 뒤 그 주간의 첫날 그들은 그가 묻힌 곳으로 몰래 갔다(참조, 23:55~56). 그들은 자기들이 찾고 있는 예수님의 시신을 발견하지 못했다. 대신 그들은 눈부신 옷을 입고 있는, 분명히 천사인 듯한 두 사람을 보았다. 그 두 사람은 그들에게 예수님이 그의 십자가에 못 박힘과 부활에 대해 말씀하셨던 것을 상기시켜 주었다(9:31; 18:31~34). 그 여자들은 사도들과 모든 다른 이들에게 그들이 본 것을 알리러 갔다(24:9).

24:10~12 사도들은 그 여자들의 말이 허탄한 듯하여 믿지 않았다. 이것

은 사도들이 예수님의 죽음과 그의 몸이 장사되는 것을 목격했기 때문이다. 베드로는 무덤으로 달려가 그 여자들의 말이 사실임을 알았다. 그러나 그는 여전히 어떤 일이 일어났는지 깨닫지 못하고 있었다.

2. 예수님이 그를 따르던 자들에게 나타나심(24:13~49)

두 사람[13~35절]에게와 모여 있던 제자들[36~49절]에게 나타나신 예수님은 그를 따르던 자들에게 구약으로부터 시작해서 그들 가운데 일어났던 모든 것을 가르쳐 주셨다. 예수님이 메시아는 반드시 죽어야만 한다는 것을 구약으로부터 시작하여 설명해 주신 후에야 그를 따르던 자들은 지난 며칠 동안 그들에게 일어났던 일을 깨닫기 시작했다.

a. 예수님이 두 사람에게 나타나심(24:13~35; 막 16:12~13)

24:13~16 예수님의 제자 중 두 사람이 엠마오로 걸어가고 있었는데, 그곳은 예루살렘으로부터(북서쪽으로) 약 11킬로미터 떨어진 곳이었다. 그들은 일어났던 일들, 즉 예수님이 부활하셨다는 소식(19~24절)에 관하여 이야기하고 있었다. 예수님이 그들과 동행하셨을 때 그들은 **그를 알아** 보지 못하였다.

24:17~24 예수님이 그들에게 그들이 이야기하던 것을 말해 달라고 하시자, 그들은 그때 대부분의 사람들이 믿었던 예수님에 대해 본 것을 말했다. 두 사람 중 하나는 **글로바**(클레오파스)였는데, 자기들이 **나사렛 예** 수님에 대해 말하고 있다고 대답했다. 글로바는 그들과 동행하는 사람이

온 예루살렘에서 어떤 일이 일어났는지 모르는 유일한 사람임에 틀림없다고 말했다. 이 질문으로 누가는 예수님의 사역과 죽음이 그 도시와 온 나라의 모든 사람들에게 알려져 있었다는 것을 잘 나타내 주고 있다. 이스라엘 전체는 메시아를 영접할 책임이 있었다.

두 사람은 이어서 우리 대제사장들과 관리들이 그를 사형 판결에 넘겨주어 죽게 했다고 덧붙였다. 다른 많은 사람들과 마찬가지로 이 두 사람도 예수님을 이스라엘을 구속하려 했던 자, 즉 메시아이며 하나님 나라를 임하게 할 자로 생각했다(참조, 2:30의 시몬의 말과 2:38의 안나의 말). 그들은 심지어 어떤 여자들로부터 직접 예수님의 부활 소식을 들었노라는 말까지 했다. 그러나 이 모든 일에도 불구하고, 그들의 얼굴은 슬픈 빛을 띠고 있었다(24:17).

24:25~27 예수님은 그들이 이해하지 못하는 것과 믿지 못하는 것을 책망하셨다. 그는 모세와 모든 선지자의 글로 시작하여 자기에 관한 것을 설명해 주셨다. 그는 이 제자들이 구약으로부터 시작하여 일어난 모든 일을 이해해야만 했다는 것을 암시하셨다.

24:28~35 예수님이 그들과 함께 떡을 떼실 때에야 비로소 그들의 눈이 **열려 그를 알아보았다.** 그들은 자기들이 예수님과 함께 있었다는 사실을 알리러 **예루살렘**(11킬로미터 떨어진)으로 급히 돌아가 모여 있는 **열한 사도**와 그와 함께한 다른 사람들에게 예수님의 부활을 확증하였다. 두 사람은 이제 그들 스스로가 예수님을 알아보았으므로 예수님의 부활에 대한 소식에 대해 적어도 세 번은 들은 것이 된다(여자들에게서, 베드로에게서, 그리고 글로바와 그의 동료로부터) 그러나 여전히 그들은 이해하지

못했다(참조, 38절).

b. 예수님이 모여 있는 제자들에게 나타나심(24:36~49; 마 28:16~20; 막 16:14~18; 요 20:19~23)

이 나타나심 가운데서 예수님에 관한 세 가지 사실은 분명하다.

24:36~43 첫째, 예수님은 그의 제자들에게 그가 정말로 부활했다는 것을 증명하셨다. 그들이 그와 그의 상처를(39~40절) 볼 수 있도록 그들 앞에 나타나 서 있었을 뿐 아니라 그가 유령이 아니라는 것을 보여 주기 위해 그들 앞에서 음식(**구운 생선 한 토막**)을 잡수셨다.

24:44~47 둘째, 예수님은 메시아에 대한 구약에 기록된 모든 사실을 그의 제자들에게 보이셨다.

모세의 율법, 선지자들의 글, 시편은 예수님 당시의 구약성경을 가리 키는 세 부분이다(그러나 더 흔히는 모세의 율법과 선지자들의 글로 구 약성경이 이루어져 있는 것으로 말한다. 예, 27절). 다른 말로 그는 또 제자들에게 구약의 다른 여러 곳으로부터(예, 신 18:15; 시 2:7; 16:10; 22:14~18; 사 53; 61:1) 그가 메시아이며 고난을 받아야 하고 죽은 자 가 운데서 다시 살아나야 할 것을 보여 주셨다(24:46. 참조, 26절). 그의 죽 음과 부활 때문에 그의 이름으로 **죄 사함을 받게 하는 회개**가 예루살렘에 서 시작하여 모든 족속에게 **전파될 것**이니, 이는 그들이 그의 죽음과 죽은 자 가운데서 살아난 것의 **증인**이기 때문이다. 이것이 누가의 두 번째 책 의 개요가 되었다(참조, 행 1:8).

24:48~49 예수님은 그의 제자들에게 아버지가 약속하신 성령을 확실히 가리키는(참조, 행 1:8) 하늘로부터 오는 능력을 받기까지 예루살렘을 떠나지 말라고 명령하셨다.

3. 예수님이 제자들과 작별하심(24:50~53; 막 16:19~20)

24:50~53 베다니 근처, 즉 감람 산에서 예수님은 하늘로 올리워졌다(참조, 행 1:9~11). 제자들은 경배하고 큰 기쁨에 넘쳐 예루살렘으로 돌아가 성전에서 늘 하나님을 찬양하였다. 누가복음에서 자주 나오듯이 신자들은 계속하여 예수님께 기쁨으로(참조, 2:18의 주해), 찬양으로 응답하였다. 이런 태도가 예루살렘에 머물고 있는 예수님의 제자들로부터 시작하여 성령이 오실 때까지 누가의 다음 책의 배경이 되고 있다(행 1:4~14).

참고문헌

- Caird, G. B. *Saint Luke*. Westminster Pelican Commentaries. Philadelphia: Westminster Press, 1978.

- Danker, Frederick W. *Jesus and the New Age according to St. Luke*: A Commentary on the Third Gospel. St. Louis: Clayton Publishing House, 1980.

- Ellis, E. Earle. *The Gospel of Luke*. The New Century Bible Commentary. Rev. ed. Grand Rapids: Wm. B. Eerdmans Publishing Co., 1974.

- Fitzmyer, Joseph A. *The Gospel according to Luke(I-IX)*. The Anchor Bible. Garden City, N. Y.: Doubleday & Co., 1981.

- Geldenhuys, J. Norval. *Commentary on the Gospel of Luke*. Grand Rapids: Wm. B. Eerdmans Publishing Co., 1951.

- Godet, F. *A Commentary on the Gospel of Saint Luke*. 2 vols. 5th ed. Reprint. Greenwood, S. C.: Attic Press, 1976.

- Hendriksen, William. *Exposition of the Gospel according to Luke.* New Testament Commentary. Grand Rapids: Baker Book House, 1978.

- Ironside, H. A. *Addresses on the Gospel of Luke.* 2 vols. New York: Loizeaux Brothers, 1946.

- Marshall, I. Howard. *The Gospel of Luke.* The New International Greek Testament Commentary. Grand Rapids: Wm. B. Eerdmans Publishing Co., 1978.

- Morgan, G. Campbell. *The Gospel according to Luke.* Old Tappan, N. J.: Fleming H. Revell Co., 1931.

- Morris, Leon. *The Gospel according to St. Luke: A n Introduction and Commentary.* The Tyndale New Testament Commentaries. Grand Rapids: Wm. B. Eerdmans Publishing Co., 1974.

- Plummer, Alfred. *A Critical and Exegetical Commentary on the Gospel according to St. Luke.* The International Critical Commentary Edinburgh: T. & T. Clark, 1901. Reprint. Greenwood, S. C.: Attic Press, 1977.

- Safrai, S., and Stern, M., eds. *The Jewish People in the First Century.* 2 vols. Assen: Van Gorcum & Co. 1974, 1976.